新要点演習 行政法

自治体公法研究会 編

公職研

はじめに

　1988年に刊行された「要点演習シリーズ」は、地方自治体の職員や学生などを主な対象として公法の知識の獲得・整理・確認のための解説・演習書、ないし試験対策書として、ご好評をいただき、版を重ね続けてきているが、その間、諸状況の変化、制度改正、読者の方々のニーズ等に対応すべく、何度かリニューアルを行い、内容の充実・発展を図ってきた。このたび、前回の2004年のリニューアルから11年が経過したことなども踏まえ、再びリニューアルを行い、新要点演習シリーズとして順次世に送り出すこととなった。

　その第4巻で取り上げる「行政法」は、行政を担う公務員にとって、基本的な素養であるとともに、その職務を行うにあたってその知識がしばしば要求されることになるものである。そのようなことから、行政法は、昇任昇格試験、公務員試験、資格試験などにおいて広く出題分野とされている。ところが、行政法については使い勝手の良い簡便な解説書・演習書が以外と少ない。

　このような状況を踏まえ、行政法を要領よく学ぶことができるとともに、試験対策にも役立つ解説・演習書として企画されたのが本書である。本書は、行政法の重要項目に関する解説と問題演習をセットにしてコンパクトにまとめたものとなっており、次のような工夫をしている。

　第1に、各項目の解説については、記述試験対策に役立つことも意識し、主要な論点を要領よく簡潔に解説していることである。

　第2は、各項目の問題演習において、その項目の理解度をチェック

することができるとともに、問題が、実際の昇任昇格試験、公務員試験、資格試験などで出題された問題に類似し、実戦対応ともなっていることである。

　第3は、各項目のポイントをしっかりと押さえ、かつ、発展的に学ぶことができるよう、関連法条とキーワードを示していることである。

　第4は、各項目を分野ごとに分けて章立てとした上で、それぞれ最初に総論的な概説を行っていることである。これによって、それぞれの項目の位置づけや関係が明らかとなり、行政法の重要項目を体系的に学ぶことが可能となる。

　第5は、各章ごとに、行政法を理解する上で重要性を増している判例をチェックするコーナーを設け、どのような関連判例があるかを確認できるようにしていることである。

　以上のような多様な特色を持つものであるだけに、本書の使い方・活用方法もいろいろではないかと思われる。本書が、読者によって十二分に活用され、その知識に磨きがかけられるとともに、試験などでその成果が発揮されることつながるならば、幸甚である。

2016年4月
自治体公法研究会

新要点演習・行政法《目次》

第1章　行政法の基本構造 ……… 7
- （概観）…………………………… 8
- 行政と行政法 …………………… 10
- 法律による行政の原理 ………… 12
- 行政法の法源 …………………… 14
- 行政法の一般原則 ……………… 16
- 公法と私法 ……………………… 18
- 行政上の法律関係 ……………… 20
- 個人的公権と反射的利益 ……… 22
- 判例チェック …………………… 24

第2章　行政行為 ……………… 25
- （概観）…………………………… 26
- 行政行為の意義 ………………… 28
- 行政行為の種類 ………………… 30
- 行政行為の効力 ………………… 32
- 行政行為の附款 ………………… 34
- 瑕疵ある行政行為 ……………… 36
- 行政行為の取消しと撤回 ……… 38
- 行政行為における裁量 ………… 40
- 判例チェック …………………… 42

第3章　行政行為以外の行為形式 …… 43
- （概観）…………………………… 44
- 行政立法 ………………………… 46
- 行政計画 ………………………… 48
- 行政調査 ………………………… 50
- 行政指導 ………………………… 52
- 行政契約 ………………………… 54
- 授益的行政 ……………………… 56
- 判例チェック …………………… 58

第4章　現代的行政法制 ……… 59
- （概観）…………………………… 60
- 行政手続法 ……………………… 62
- 情報公開制度 …………………… 64
- 公文書管理法 …………………… 66
- 個人情報保護法制 ……………… 68
- 私人の行政参画 ………………… 70
- 判例チェック …………………… 72

第5章　行政上の義務履行確保 …… 73
- （概観）…………………………… 74
- 行政上の強制執行 ……………… 76
- 代執行 …………………………… 78
- 即時強制 ………………………… 80

- ・行政罰 ……………………… 82
- ・判例チェック ……………… 84

第6章　国家補償 ……………… 85
- ・（概観） …………………… 86
- ・損失補償 …………………… 88
- ・国家賠償 …………………… 90
- ・公権力の行使と国家賠償責任 …………………………… 92
- ・営造物管理の瑕疵 ………… 94
- ・判例チェック ……………… 96

第7章　行政不服申立て等 …… 97
- ・（概観） …………………… 98
- ・行政活動の是正方法 ……… 100
- ・行政不服申立制度 ………… 102
- ・行政不服申立ての要件 …… 104
- ・不服審査の諸手続と教示制度 ………………………… 106
- ・行政審判 …………………… 108
- ・判例チェック ……………… 110

第8章　行政事件訴訟 ………… 111
- ・（概観） …………………… 112

- ・行政事件訴訟法 …………… 114
- ・行政事件訴訟の類型 ……… 116
- ・取消訴訟の対象 …………… 118
- ・取消訴訟の原告適格 ……… 120
- ・執行停止 …………………… 122
- ・事情判決 …………………… 124
- ・客観訴訟 …………………… 126
- ・判例チェック ……………… 128

第9章　行政組織・公物法 …… 129
- ・（概観） …………………… 130
- ・行政組織法 ………………… 132
- ・行政官庁理論と行政庁の権限 ………………………… 134
- ・公物法 ……………………… 136
- ・判例チェック ……………… 138

本書の内容・表記

○本書の内容は、平成28年4月現在の法令状況をもとにした最新のものとなっている。
○解説中の（ ）などで示した根拠条文のうち、項目あるいは解説文からどの法令であるかが明らかな場合には、法令名を省略し、条項名のみ示している。
○関連法条については、関連する個別の法令の条項を参考として挙げる場合には、その代表的なものを例示するにとどめ、その旨を「など」と末尾に付すことで示している。

主な行政通則法

○行政手続法（平成5年法律第88号）
○行政手続等における情報通信の技術の利用に関する法律（平成14年法律第151号）
○行政代執行法（昭和23年法律第43号）
○公文書等の管理に関する法律（平成21年法律第66号）
○行政機関の保有する情報の公開に関する法律（平成11年法律第42号）
○独立行政法人等の保有する情報の公開に関する法律（平成13年法律第140号）
○行政機関の保有する個人情報の保護に関する法律（平成15年法律第58号）
○独立行政法人等の保有する個人情報の保護に関する法律（平成15年法律第59号）
○行政不服審査法（昭和37年法律第160号）
○行政事件訴訟法（昭和37年法律第139号）
○国家賠償法（昭和22年法律第125号）

新要点演習
行政法

第 1 章

行政法の基本構造

- （概観）
- 行政と行政法
- 法律による行政の原理
- 行政法の法源
- 行政法の一般原則
- 公法と私法
- 行政上の法律関係
- 個人的公権と反射的利益

- 判例チェック

第1章 （概観）

1 行政法の基本構造

　憲法や民法といった法律科目に比べ、とかく行政法は敬遠されがちな科目である。その理由として、「行政」の範囲が広範かつ不明確であるということや、「行政法」という統一的な法典がなく、国家行政組織法や行政手続法、国家賠償法、行政事件訴訟法のほか無数の個別法にあたっていかなければならないということ、固有の法理論や難解な専門用語が理解を妨げてしまうことなどが考えられる。しかし、まず行政法の基本構造を的確に把握し、全体の中での個別の問題の意義づけをしていけば、自ずと行政法の理解は深まるものである。その際、私人同士の関係を規律する私法との違いを意識することも忘れてはならない。

　例えば、我々が通常、土地を取得しようとする場合、土地所有者と交渉し、両者が任意に合意した上で契約を結ぶ。契約締結は、両者が独立対等な地位に立って行われ、私的自治の原則を基本とする私法に規律される。万が一、契約の不履行があれば、自力救済ではなく、裁判所に民事訴訟を提起し、権利を実現することになる。

　一方、市が道路用地を取得する場合はどうか。この場合、市は、私益ではなく、公益目的で用地を取得しようとしている点が特徴的である。もちろん、土地所有者と市の双方が合意すれば、私法関係で処理され、行政法固有の現象は起こらない。ところが、土地所有者が売買に応じない場合、私法関係での対応には限界が生じる。そこで、公益目的を実現するため、法律によって認められた行政独自の権力性が現れる。例えば、この場合、土地収用法に基づき、公共の利益となる事業（3条1号）として認定（16条）されれば、収用委員会の収用の裁決を経て（47条の2）、土地の所有権を強制的に行政に移転させることができる（ただし、別途、補償の問題が生ずる）。このように、私法では認められない特別な権力を、行政に与えるところに行政法規のもっとも大きな特色が見出せる。極論すれば、行政法の基本構造は、一般市民と異なった公益目的の追求と権力的性格を中心に成り立っていると言ってもよいだろう。

2 行政法の基本原理

　行政法の特色は、このような権力性にあるが、行政による恣意的な権力

行使を抑制し、これをいかに民主的にコントロールして、国民の権利・利益を保護していくかということもまた行政法の課題である。

その中心的概念が、法律による行政の原理である。これは、法治国家を民主的に運営し、国民の権利を守る上で、不可欠の法原理である。行政が活動するのは、公益を実現するためであるが、その利益を享受するのは、主権者国民であり、行政はその手段と位置づけられる。そこで、権力を担う行政が国民の手を離れて勝手に活動しないよう「手綱」をつけてコントロールする必要がある。この手綱の役割を果たすのが法律であり、国民の代表で構成される国会が、法律を通じて、行政や権力をコントロールするのである。国民→国会→《法律》→行政→《権力》→国民というサイクルをイメージしながら、法律による行政の原理の役割を把握し、行政法の基本構造の理解を確実なものにしてほしい。なお、行政法の一般原則としては、信義則、権利濫用の禁止、比例原則、平等原則などがある。

3　近代から現代への変化

行政法を理解するためには、時代の変化に伴い、行政のあり方やその統制の方法・必要性が変化していることも意識しなければならない。

例えば、法律の留保の原則がどの範囲の行政活動に適用されるかをめぐる議論にもそれが現れている。もっとも支持されているのが、侵害留保説であるが、最近では、給付留保説や権力留保説も有力になっている。これらの議論には、国家観や行政の役割の変化が大きく関係している。侵害留保説は、近代の夜警国家観に立脚しており、ここでの国民の関心はもっぱら自由と財産の保障にあった。ところが、現代の福祉国家において、国民の関心は自由と財産の保障のみならず、国からの受益も含めた利益の保障であり、授益的行政の範囲も拡大していった。もはや侵害留保説の当初の想定を超えるほど行政活動が増大し、新たな観点からこれを統制する必要が生じたため、給付留保説や社会留保説が登場したのである。このように、近代→現代という時代の変化と学説の対立を意識することで、行政法への理解が一層深まっていくだろう。

第1章 行政と行政法

行政法の基本構造

　行政法は立法・行政・司法の三権のうち、行政の組織及び作用を規律する法である。そこで、従来、「行政」とは何かを理論的に説明し、具体的範囲を明らかにしようとする試みがなされてきた。多数説は、行政を「国家作用のうち立法と司法を除いたもの」と定義する立場（**控除説**）を採るが、より積極的に内容を定義しようとする立場もある（**積極説**）。例えば、行政を「法の下に法の規制を受けながら、現実具体的に国家目的の積極的実現をめざして行われる全体として統一性をもった継続的な形成的国家活動」とするものがある。もっとも、「行政」概念を定義することよりも、むしろ現実に行われている行政活動やこれを従来の行政法学がどのように扱ってきたかについて考察する方が有益であるとする考え方も有力である。

　行政法は、**近代法治国家**の基盤の上に成立した。すなわち、近代法治国家では、**権力分立**を前提に、立法権の定立する法律に従って行政が行われることになり、行政権の恣意の防止と国民の権利保障を目的とする行政法の観念が登場したのである。とくに、ヨーロッパ大陸法系の諸国では、**公法私法二元論**を前提に、行政法は行政に関する特殊固有の法体系をさすものとされ、我が国も明治以後その考えを継受した。現行法下でも、行政権の活動には私法規定の適用になじまないものがあることや行政事件訴訟法が実体法に公法と私法の区別をしていることなどから、依然として、実定法上、公法と私法の区別があり、**行政に関する国内公法**としての行政法が存在するといわれる。ただ、近年、公法と私法の区別の意義が相対化していることから、行政法を完結的な公法の体系としてではなく、行政活動に特有な法と把握し、その固有性の内容を探究することが行政法学の課題であるとする見解も出されている。

　行政に関する法律を分類すると、**行政作用法・行政組織法・行政救済法**に分けられる。民法典・刑法典に対応するような行政分野の一般法典は存在しないが、**作用法**においては行政手続法、行政代執行法など、**組織法**においては内閣法・国家行政組織法・地方自治法・国家公務員法・地方公務員法など、**救済法**においては行政不服審査法・行政事件訴訟法・国家賠償法などが、それぞれの分野の一般法となっている。**成文法**の存在しない領域では、**学説・判例・行政実例**が重要な機能を果たしている。

■関連法条／憲法41条・65条・76条
●キーワード／三権分立　公役務　行政の概念（積極説・消極説）　行政作用法　行政組織法　行政救済法

【問題】行政の概念について、A説・B説のように規定した場合、以下の記述のうち、正しいものはどれか。

　A説－行政とは、全ての国家作用から立法作用と司法作用を控除したものをいう。
　B説－行政とは、法の下に法の規制を受けながら、現実的具体的に国家目的の積極的実現を目指して行われる、全体として統一性をもった継続的な形成的国家活動をいう。

❶　多様かつ広範な行政作用を余すところなく捉える点で、B説のほうが優れている。
❷　B説には、行政の本質の究明を回避し、行政の積極的な概念規定を放棄しているとの批判がある。
❸　A説には、行政に一種独特な性格規定を与え、これによって法律による行政の原理をあいまいにしてしまうとの批判がある。
❹　A説、B説とも、行政の作用の内容または実質に着目して、概念規定を行っている。
❺　B説は、法の機械的執行という古典的行政概念を基本にしている。

解説
❶　誤り。A説（消極説）の方が行政権の内容が漠然としているだけに、かえって多様な行政作用を広く包含できるとされている。
❷　誤り。本肢は、A説への批判である。
❸　誤り。本肢は、B説（積極説）への批判である。行政法解釈上の指針としては、積極的定義ではなく、具体的法令を根拠とすべきとされる。
❹　正しい。
❺　誤り。B説は、機械的な法律の執行よりももっと積極的な行政作用に着目したものであって、古典的行政概念とは一線を画している。

【正解】　❹

法律による行政の原理

　法律による行政の原理とは、行政活動は、法律に基づき、法律に従って行われなければならないとする基本原理をいう。これは、権力分立の当然の帰結であるが、法治国家における行政法の基本原理として、明治時代にドイツから我が国に導入されたものである。

　この原理には、第一に、行政活動に対する法的安定の要請（自由主義的要請）があり、行政活動は事前に定立された一般的抽象的法規範に従ってのみ行われ、恣意的な権力の発動によって、国民の生活秩序が乱されることがないようにしなければならないとする。第二に、行政活動に対する民主的コントロールの要請（民主主義的要請）があり、当該一般的抽象的法規範は、国民の代表で構成される議会によって作られた法律でなければならないとする。

　法律による行政の原理は、具体的には、①法律の法規創造力の原則、②法律の優位の原則、③法律の留保の原則に分けて説明される。

　法律の法規創造力の原則とは、法規（国民の権利・義務に変動を及ぼす一般的規律）の創造が法律に独占されていることをいう。これにより、行政機関は、法律による根拠がない限り法規を創造できないとされる。

　法律の優位の原則とは、法律は法律によってのみ改廃され、法律に反する他のすべての法形式は無効となることであり、また、行政活動は、存在する法律の定めに違反して行われてはならないという原則である。これは、すべての行政活動に妥当する。

　法律の留保の原則とは、行政権の発動には、必ず法律の授権がなければならないとする原則である。これは、既存の法律に何ら抵触しない場合であっても、さらに法律による積極的な根拠を要求する点に固有の意義がある。もっとも、この原則の妥当範囲については争いがある。伝統的な支配的学説は、国民に義務を課したり、その権利を制限するような侵害的行政作用に限られるとする侵害留保説であり、これによれば、補助金の交付のような授益的な行為の場合は、具体的な法律の根拠は不要となる。これに対しては、民主的統制や行政国家現象への対応の必要から、一切の行政活動に法律の根拠を必要とする立場（全部留保説）や権力的作用には根拠を必要とする立場（権力留保説）なども有力である。

法律による行政の原理

■関連法条／憲法41条　憲法30条　憲法84条
●キーワード／法治国家　法治行政　警察国家　夜警国家　行政国家　法規　行政立法　法規命令

【問題】法と行政の関係に関する次の記述のうち、正しいものはどれか。

❶　法律による行政の原理は、画一的・形式的な行政の確保を目的としており、国民の権利を保護するという目的とは相容れない。
❷　法律の優位の原則は、非権力的な行政活動についても妥当する。
❸　法律上の規定に反しない限り、行政機関はその与えられた所管事項の範囲において、任意に国民の権利を制限することができる。
❹　「法律の留保」における留保された領域とは、行政が一方的に国民の自由ないし財産を制限する場合のみを指すということに争いはない。
❺　行政の補助機関内部の所掌事務の範囲についても、すべて法律によって定めなければならない。

解説

❶　誤り。そもそも法律による行政の原理は、行政権による侵害から国民の権利を保護するという自由主義的な原理から生まれたものである。
❷　正しい。
❸　誤り。国民の権利・自由の制限など法律に留保された領域については、所管事項内の制約規範に触れない行為といえども、行政機関の判断で任意に行うことは許されない。
❹　誤り。侵害留保説は通説であるが、これに対して民主主義の理念を根拠とする全部留保説、社会権の重要性に着目した社会留保説や本質留保説、権力的行為形式の統制を目指した権力留保説などによる批判・検討がされており、争いがないとはいえない。
❺　誤り。法律により政省令に委任することなどが可能であり、例えば、国家行政組織法7条では、「官房、局及び部の設置及び所掌事務の範囲は、政令でこれを定める。」（4項）とされている。

【正解　❷】

第1章 行政法の法源

　行政法の**法源**とは、行政の組織および作用に関する法の存在形式を指す。**成文法源**と**不文法源**に分けられるが、行政法においては、前者がより重要な地位を占める。特に**侵害的行政作用**の場合は、法律の留保の原則に基づき、法律によってその要件を明確に定めることが要請されるし、また、それ以外の領域においても民主主義の要請から、国民代表で構成される議会が制定する法が行政の組織及び作用に広く及ぶことが妥当とされる。もっとも、行政法に関する一般的、通則的な法典が整備されていない状況では、**不文法**も成文法源を補完するものとして重要な地位を占める。

　成文法源の形式としては、**憲法・条約・法律・命令・条例・規則**がある。

　憲法は、行政の組織と作用の基本的抽象的な事項を定めるにとどまるが、直接に行政作用の法源として機能することもある。例えば、行政調査手続に関して憲法35条・38条（最大判昭和47年11月22日）、損失補償請求に関して憲法29条（最判昭和43年11月27日）がある。**条約**は、国家間又は国家と国際機関との文書による合意であるが、行政法の法源ともなりうる。

　法律は、行政法源のうちで最も重要な形式で、国会が定立する法規範である。若干の分野で通則的法律が制定されているが、個別具体的な行政作用ごとに制定されるのが通例である。

　命令は、行政機関によって定立される法規範であって、**政令・府省令・規則**の形式をとる。現行憲法下では、委任命令か執行命令に限定され、独立命令は禁止されている。**条例**は、地方議会の制定する法であり、**規則**は、地方公共団体の長が制定する法である。また、教育委員会、公安委員会などの行政委員会が定める法も、規則という。条例・規則は、法律に反することができず（憲法94条）、効力の地域的限界も存するが、法律の委任なく私人の権利を制約する規定となるので、行政法の重要な法源といえる。

　不文法源の形式としては、**慣習法、判例法**のほか、**行政法の一般原則**がある。慣習法は公物利用権の分野などで行政法の法源となりうるが、法律による行政の原理が強く支配する領域においては、成立を認め難い。判例法については、成文法典の未整備が多い行政法通則において果たす機能が実際上極めて重要であるといえる。行政法の一般原則としては、**法律による行政の原理・平等原則・比例原則・信義則・権利濫用の禁止**などがあげられる。

行政法の法源

■関連法条／内閣法、内閣府設置法、国家行政組織法、地方自治法、国家公務員法、地方公務員法、個人情報保護法、行政手続法、行政代執行法など

●キーワード／成文法主義　勅令　規則　条約と法律の優劣　行政手続上の諸原則　信頼保護の原則

【問題】行政法の法源に関する次の記述のうち、正しいものはどれか。

❶　憲法は、不文法主義をとるアメリカ憲法の影響を受けているので、行政法の法源も慣習法や判例などの不文法が中心を占める。

❷　慣習法に基づき行政権力を行使することは法律による行政の原理に反するので、慣習法は行政法の法源となりえない。

❸　行政法は行政に関する国内公法であるが、国際法規である条約も行政法の法源となりうる。

❹　裁判所の判決は、立法と同じ一般的抽象的規範として通用するので、行政法の法源として重要な地位を占める。

❺　憲法は国家の基本的な統治構造を定める基本法であり、行政法の法源とはなりえない。

解説

❶　誤り。我が国は成文法主義を採用し、とくに行政法の分野では成文法の占める役割が重視される。

❷　誤り。河川の水利権などの地方の民衆的慣習法や官報による公布などの行政先例法といった慣習法は行政法源となる。

❸　正しい。ただちに直接適用される条約は少ないが、国際法規を誠実に執行することが憲法の要請でもあり（98条2項）、国内法的効力についての具体的定めがあれば、行政法源となる。

❹　誤り。裁判所の判決は、個別的紛争を解決するものであり、一般的規範として通用する法ではない。ただし判決の内容が法として承認されるようになると、判例法として、法源となりうることになる。

❺　誤り。憲法のうち行政の組織や作用の基本原則を定める部分は、その限りで行政法の法源となる。

【正解　❸】

行政法の一般原則

　行政上の法律関係には、**行政法の一般原則**が適用される。この行政法の一般原則については、**法の一般原則**から導かれるものとして、**信義則、権利濫用の禁止、平等原則、比例原則**などが含まれる。

　このうち信義則（1条2項）と権利濫用の禁止（同条3項）は、民法に規定されているものの、行政上の法律関係をも規律する原則とされている。まず信義則については、行政機関の言動を信じて行動した者に対する保護が問題となるが、特に租税法律関係（たとえば、税務署の職員による誤った指導を信じて申告をせず、後に税務署長から更生処分を受けた場合）においては、**法律による行政の原理**を重視する立場から、信義則の適用は慎重でなければならないとされている（最判昭和62年10月30日）。なお、信義則と関係する**禁反言の法理**も、行政上の法律関係に適用があるとされている。また権利濫用の禁止については、国民の行政機関に対する**申請権の濫用**の禁止と、行政主体による**権限の濫用**の禁止の両者が含まれるとされている。

　一方で憲法14条が規定する平等原則は、行政機関が合理的な理由なく国民に対して不平等な取り扱いを行ってはならないとするものである。特に行政裁量の統制方法として妥当するものとされ（最判昭和30年6月24日）、また行政の**権力的行為形式**だけでなく、**非権力的行為形式**についても適用されると考えられている。

　比例原則は、もともとドイツの警察権の限界に関する原則として形成されたものであり、警察権の発動は違反の状態を是正するために必要なものでなければならないとする**必要性の原則**、もし必要な是正であってもその目的と手段が比例していなければならない（**過剰規制の禁止**）ことをその内容とする。今日において比例原則は、行政の権力活動一般に妥当する原理として理解され、事実行為としての行政指導にも及ぶとされている。

　なお、行政法の一般原則は、法の一般原則から導かれるもの以外にも、様々なものが提起されている。たとえば、憲法上の要請として**適正手続の原則**があり、その他にも、**公正・透明性の原則、説明責任の原則、有効性・効率性の原則、市民参加の原則、公益適合原則**などが提起されている。またこれらの原則は、多くの法律で取り入れられている。

行政法の一般原則

■関連条文／憲法12条、14条、31条、民法1条2項、行政手続法1条1項、行政機関情報公開法1条、独立行政法人等情報公開法1条、公文書管理法1条、地方自治法232条の2など

●キーワード／信義則　権利濫用の禁止　平等原則　比例原則　適正手続の原則　公正・透明性の原則　説明責任の原則　必要性・有効性・効率性の原則　市民参加の原則　公益適合原則

【問題】行政法の一般原則に関する次の記述のうち、正しいものはどれか。

❶　信義則と法律による行政の原理の間に矛盾が生じた場合、行政機関の言葉を信じた国民を保護する必要があるため、信義則が優先する。
❷　権利濫用の禁止は、民法から導かれる一般原則であることから、私人の行政機関に対する権利行使にのみ及ぶ。
❸　比例原則はそもそも警察権限の限界に関する原則であり、行政法の一般原則としては妥当しない。
❹　行政手続法は、行政運営における公正の確保と透明性の向上を図ることを目的としており、公正・透明性の原則を定めている。
❺　憲法31条で保障される適正手続の原則は、刑事手続のみに採用され、行政手続に用いることは許されない。

解説

❶　誤り。判例上は、信義則と法律による行政の原理の間に矛盾が生じた場合、必ずしも信義則を優先していない（最判昭和62年10月30日）。
❷　誤り。権利濫用の禁止は、私人の行政機関に対する権利行使のみならず、行政機関による行政権の行使にも及ぶとされている（最判昭和53年6月16日）。
❸　誤り。比例原則は行政法の一般原則として妥当する。
❹　正しい。行政手続法1条1項は、処分、行政指導等の手続に関して、行政運営における公正の確保と透明性の向上を図り、国民の権利利益の保護に資することを目的とすると規定している。
❺　誤り。判例上は、行政手続は刑事手続と性質が異なるため、常に適用があるわけではないが、刑事手続のみならず行政手続にも及ぶ余地があるとしている（最大判平成4年7月1日）。

【正解】　❹

公法と私法

第1章 行政法の基本構造

　伝統的学説は、行政に関する特殊固有な性質の法を**公法**、民事法と共通の法原理による法を**私法**と呼び、行政法上の法律関係を**公法関係**と**私法関係**とに区分し、それぞれ性質及び適用される事象を異にする独立した法体系として観念していた（**公法私法二元論**）。この考え方によれば、行政活動に関する法関係は、支配関係（権力関係）、公法上の管理関係、私法関係という3つのカテゴリーに区分される。**支配関係**とは、警察作用・租税の賦課徴収等、行政主体の一方的命令強制権によって支配されている関係であり、独自の公法原理が妥当する。**公法上の管理関係**とは、公物の設置・維持管理や公企業の経営・管理等をめぐる法関係であり、原則として私法原理が妥当するが、公益実現のため私人間にはない特殊な規律が課せられる場合がある。**私法関係**とは、一般の事務用具の購入等、全く私人間の経済取引と変わらない関係であり、全面的に私法原理が妥当する。

　公法と私法を区分する意義としては、第一に、実体法の解釈の際、法律の明文の有無にかかわらず、警察、収用、租税などの行政作用は、その本質から権力の発動作用とみられるから、**権力性、公益優先性**などの行政特権が、事柄の性質上、当然に承認されることにある。そして、第二に、公法関係の紛争は、訴訟手続において、行政事件訴訟という民事訴訟とは異なる手続に服することにある。

　これに対して近年、公法に特有の権力性・優越性は、国民の意思を代表する国会が制定した個別具体的な法律の規定に根拠を求めるべきであるとし、行政作用の本質から行政固有の法解釈ないし解釈原理を演繹的に導くことに対する批判的立場が登場し、そもそも公法私法二元論は不要であるとの学説が定着しつつある。

　判例も、従来、私法原理の適用がないとされていた租税の滞納処分に民法177条を適用したり（最判昭和35年3月31日）、公法上の金銭債権の時効に関する一般法とされてきた会計法30条を、国の権利義務を早期に決済する必要があるなど主として行政上の便宜を考慮した規定であると限定的に解し、公法上の債権の消滅時効に民法167条を適用したりする（最判昭和50年2月25日）など、伝統的な二元論ではなく、個別の法律の解釈を通じて、適用されるべき法原理を明らかにしようとする傾向にある。

■関連法条／会計法30条、地方自治法236条、行政事件訴訟法4条など
●キーワード／公法私法二元論　行政裁判所　司法裁判所　権力関係（本来的公法関係）　公法上の管理関係（伝来的公法関係）　私法関係　権力性　公益優先性

【問題】公法と私法に関する次の記述のうち、正しいものはどれか。

❶　市議会議員の報酬は、公法上の権利であって、市が議員に直接支給しなければならないものであるから、権利を譲渡する契約は無効である。
❷　公法と私法の区分は、行政裁判所の廃止に伴い、相対化されるようになっており、実定法にはその区分を前提にした規定は存在しない。
❸　租税債権は公法上の債権であり、国が国税滞納者の不動産を差し押さえる場合、民法177条の適用を認めることはできない。
❹　公法は、市民の経済的社会的勢力の増大にともない、絶対的な君主の統治権を制約する独特の法体系として登場してきた。
❺　取締法規に違反してなされた私法上の法律行為は、すべて公序良俗違反の法律行為にあたるから、当該行為は民法90条により無効となる。

解説

❶　誤り。議員報酬請求権は公法上の権利であるが、単なる経済的価値として移転性が予定されている場合には、譲渡が認められる（最判昭和53年2月23日）。なお、公営住宅使用権につき最判平成2年10月18日参照。
❷　誤り。会計法30条は、公法上の金銭債権に適用される規定である。
❸　誤り。租税債権が公法上のものであることは国が一般私法上の債権者より不利益な取扱いを受ける理由とはならない（最判昭和31年4月24日、最判昭和35年3月31日）。
❹　正しい。公法は、国民に対する優越性（権力性・公益優先性）を内包する法体系として、私法と異なるとらえられ方により発展してきた。
❺　誤り。取締法規は、国民に対して、ある行為を制限し、または禁止することを定める規定である。制裁措置があることと法規違反の法律行為の私法上の効力は別の問題であるので、取締法規違反の行為は、当然に無効になるわけではない（最判昭和35年3月18日参照）。【正解　❹】

第1章　行政上の法律関係

第1章　行政法の基本構造

　行政上の法律関係とは、行政主体と私人との関係をいい、通常は私人が国、地方公共団体の統治権や行政権に服する関係（**一般権力関係**）をいう。ただし、行政主体と私人との公法上の法律関係の中には、こうした一般権力関係とは異なる**特別権力関係**が存在するとされてきた。

　特別権力関係とは、公法上の原因に基づいて特殊な法律関係におかれる個人についての、一般市民とは異なる特別の規律に服する関係である。例えば、公務員の勤務関係、公立病院・学校・図書館など公の営造物の利用関係、刑事施設における受刑者・刑事被告人等の収容関係などが代表的なものである。伝統的な学説は、当該関係の目的から、支配者に包括的な支配権が与えられるとして、当然に、特別の規律の存在を肯定し、この場合、法律の根拠なく権利制限が可能であり（**法律による行政の例外**）、司法審査が排除されるとしていた（**特別権力関係論**）。しかしこうした理解については、**国民主権原理**や**法治主義**が妥当している現行憲法構造の下では妥当しないなどの批判があり、今日では、法関係の一方の当事者に包括的な支配機能が認められる「特殊の社会関係」ないし「特殊法関係」の存在を認め、その支配権の内容と範囲は、それぞれの具体的な法関係の性質と目的によって決まると考えるのが一般的である。

　こうした行政上の法律関係は、伝統的な**公法私法二元論**によれば、公法関係と私法関係に分類されるが、その際に問題となるのが、公法関係における私人の行為について、私法規定を適用してもよいかという問題である。通説は、①私人が国又は公共団体の機関としての地位においてする行為（選挙の投票など）については認められないが、②行政権の相手方としての地位においてする行為（許認可の申請など）については認められるとしている。ただしこの問題について、公法私法二元論を否定する立場は、当該関係を規律する実定法から個別的に検討するべきであるとしている。

　なお、行政過程において**権利能力**主体となり得る者は、一般的には民法と同様、自然人および法人である。また、**行為能力**に関する民法の規定は、行政法関係においても適用があると解される。ただし、民法上の規定を行政過程に適用できない場合もあり、具体的な法律関係における判断が必要である。

行政上の法律関係

■関連条文／憲法15条：国家公務員法、地方公務員法、刑事収容施設及び被収容者等の処遇に関する法律、人事院規則 8 －12（職員の任免）73条など

●キーワード／法治行政　法の支配　一般権力関係　特別権力関係　公法私法二分論　行政過程における私人の行為

【問題】行政法上の法律関係に関する次の記述のうち、正しいものはどれか。

❶ 公務員や受刑者は、一般的な市民とは区別された特別の権力関係に服することから、これらの者の人権を制限することは、その限りにおいて正当化される。

❷ 判例によれば、刑事施設の被収容者に新聞等の閲読を許すことで、施設内の規律および秩序が害される一般的、抽象的なおそれがある場合には、それを制限することができる。

❸ 刑事施設内の人権制限は、収容関係の性質に応じて、個別具体的検討が必要であるが、思想・良心の自由は、一般国民と同様に保障される。

❹ 行政過程における私人の行為については、民法上の法律行為に関する規定が適用ないし類推適用される余地がない。

❺ 国籍離脱の届出が本人の意思に基づかず、他人名義でなされた無効なものであっても、届出を前提としてなされた主務大臣の国籍回復の許可には影響を及ぼさないため、当該許可は当然有効となる。

解説

❶ 誤り。特別権力関係論は今日において、人権制限を正当化する根拠としては採用されていない。

❷ 誤り。判例は、「障害が生ずる相当の蓋然性」が必要としており、一般的・抽象的なおそれでは足りない（最大判昭和58年 6 月22日）

❸ 正しい。公権力と国民の関係では、絶対的に保障される。

❹ 誤り。行政権の相手方として行う各種届出・申請等については、適用・類推適用の余地を認めるのが通説である。

❺ 誤り。この場合、届出が行政行為の前提条件であり、国籍回復に関する許可もまた無効となる（最大判昭和32年 7 月20日）。　　【正解　❸】

第1章 個人的公権と反射的利益

行政法の基本構造

　個人的公権とは、私人が行政主体に対して有する**公法上の権利**をいい、**自由権・受益権・参政権**に分けられる。個人的公権は**私権**と異なり、**一身専属的**で融通性（移転性）を欠くものが多い（生活保護受給権の譲渡禁止（生活保護法59条）、譲渡の要許可制（公有水面埋立法16条1項）、年金受給件の譲渡・担保・差押えの禁止（国民年金法24条）、情報公開条例に基づく開示請求権など）。もっとも、公権だから当然に融通性がないとか相続の対象とならないというものではなく、地方議員の報酬請求権のように譲渡性が認められるものもある（最判昭和53年2月23日など）。

　反射的利益とは、法が公益目的の実施等のために命令、制限、禁止等の定めをしていることの反射的効果として、ある人がたまたま受ける利益のことをいい、法律によって直接に個人に対し一定の利益が保障される個人的公権とは区別される（たとえば、不当景品類及び不当表示防止法の規定により一般消費者が受ける利益は、公益の保護の結果として生ずる反射的利益にすぎないとする最判昭和53年3月14日、文化財保護法によって特別名勝に指定された土地の旅館営業等の各種利益は、右指定によって生ずる反射的利益にすぎないとする東京地判昭和30年10月14日など参照）。

　個人的公権と反射的利益の区別が問題となるのは、主に**取消訴訟の訴えの利益**の有無をめぐってであるが、その区別は、行政処分の要件を定めるそれぞれの規定の目的如何についての法解釈にかかってくる。ただ、社会経済情勢の変動に伴って、法解釈自体も変動するものであり、法規定の保護目的が何かを一義的に決めるのは困難である。例えば、従前の判例では、公衆浴場法の距離制限規定の目的を、国民保健及び衛生環境の確保としていたが（最大判昭和30年1月26日）、後の判例は、浴場業者を濫立による経営の不合理から守る目的をも有するとし、当初反射的利益としていた既存業者の営業上の利益を「法的利益」と認めるに至っている（最判昭和37年1月19日・最判平成元年3月7日）。

　なお、**原告適格**の判断については、平成16年に**行政事件訴訟法**が改正され、国民の権利利益のより実効的な救済がはかられるように、法律の趣旨・目的や処分について判断されるべき利益の内容・性質などを考慮すべき旨が明記された（9条2項）。

■関連法条／医師法19条、生活保護法59条、公衆浴場法2条など
●キーワード／自由権　受益権　参政権　プログラム規定　私権

【問題】個人的公権に関する次の記述のうち、正しいものはどれか。

❶ 生活保護法上の生活扶助は、国の恩恵ないし社会政策の実施に伴う反射的利益であるから、相続の対象となり得ない。
❷ 患者が診察を拒まれないのは、医師法上の医師の診察義務の規定の反射的利益であり、この規定が患者に法的権利を付与するものではない。
❸ 公衆浴場法が許可制を採用したのは、国民保健及び環境衛生の目的から出たものであって、これにより既存の公衆浴場業者が受ける営業上の利益は、反射的利益に過ぎない。
❹ 地方公共団体の開設する道路に対する住民の利益は、反射的利益にすぎないから、通行妨害をする者がいたとしても、これに対する民法上の不法行為の問題が生ずる余地はない。
❺ 公水上に存在する慣習法上の水利権は、物権的性質を有する用益権であり、河川上の全水量を独占排他的に利用しうる絶対的権利であるので、行政庁が法令により、これに制限を加えることはできない。

解説

❶ 誤り。判例は、保護受給権ともいうべき法的権利であるとしつつ、一身専属の権利であるため、他に譲渡することも、相続の対象とすることもできないとする（最大判昭和42年5月24日）。
❷ 正しい。医師法19条。
❸ 誤り。判例は、従来、反射的利益としていたものを法律上の利益として認めている（最判昭和37年1月19日）。
❹ 誤り。判例は、公法関係に由来する通行の自由権を認めた上で、これが日常生活に不可欠なものであり、民法上の保護（民法710条参照）も当然認められるとした（最判昭和39年1月16日）。
❺ 誤り。判例は、公水使用権について使用目的を充たすに必要な限度の流水を使用しうるに過ぎないものとする（最判昭和37年4月10日）。

【正解】　❷

判例チェック

(憲法の法源性について)
・川崎民商事件：最大判昭和47年11月22日刑集26巻9号54頁
・河川付近地制限令事件：最判昭和43年11月27日刑集第22巻12号1402頁
(行政機関による権利濫用の禁止について)
・余目町個室付浴場事件：最判昭和53年6月16日刑集第32巻4号605頁
(法律による行政の原理と信義則について)
・青色申告事件：最判昭和62年10月30日集民第152号93頁
(行政裁量への平等原則の適用について)
・産米供出個人割当通知取消請求事件：最判昭和30年6月24日民集第9巻7号930頁
(適正手続の行政手続への採用について)
・成田新法事件：最大判平成4年7月1日民集第46巻5号437頁
(租税滞納処分への民法177条の適用について)
・公売処分無効確認等請求事件：最判昭和31年4月24日民集第10巻4号417頁
・公売処分無効確認並びに所有権取得登記の抹消登記手続請求事件：最判昭和35年3月31日民集第14巻4号663頁
(公法上の債権の消滅時効と民法167条について)
・陸上自衛隊事件：最判昭和50年2月25日民集第29巻2号143頁
(取締法規違反の法律行為の効力について)
・売掛代金請求事件：最判昭和35年3月18日民集第14巻4号483頁
(刑事施設内における被収容者の閲読する新聞記事を抹消する措置について)
・よど号ハイジャック記事末梢事件：最大判昭和58年6月22日民集第37巻5号793頁
(国籍離脱の届出と主務大臣の国籍回復の許可について)
・国籍関係確認請求事件：最判昭和32年7月20日民集第11巻7号1314頁
(地方議員の報酬請求権の譲渡性について)
・債権取立事件：最判昭和53年2月23日民集第32巻1号11頁
(反射的利益について)
・主婦ジュース不当表示事件：最判昭和53年3月14日民集第32巻2号211頁
(個人的公権と反射的利益について)
・公衆浴場法違反事件：最大判昭和30年1月26日刑集9巻1号89頁
・公衆浴場営業許可無効確認請求事件：最判昭和37年1月19日民集第16巻1号57頁
・公衆浴場距離制限事件：最判平成元年3月7日集民第156号299頁
(生活保護法上の生活扶助の法的性質について)
・朝日訴訟：最大判昭和42年5月24日民集第21巻5号1043頁
(村道使用関係の性質について)
・村道共用妨害排除請求事件：最判昭和39年1月16日民集第18巻1号1頁
(公水使用権の性質について)
・行政命令取消請求事件：最判昭和37年4月10日民集第16巻4号699頁

新要点演習
行政法

第2章

行政行為

- （概観）
- 行政行為の意義
- 行政行為の種類
- 行政行為の効力
- 行政行為の附款
- 瑕疵ある行政行為
- 行政行為の取消しと撤回
- 行政行為における裁量

- 判例チェック

第2章 行政行為

（概観）

1 行政行為の意義

　行政行為は、権力性の最も顕著な行政作用であり、行政の行為形式のうちで最も中心的な地位を占める。伝統的行政法理論は、行政行為概念の分析に重点を置いており、これを適切に理解することが、他の行為形式を学ぶために不可欠であるといえる。そのためにも、まずは行政行為に関する様々な概念を地道に修得していかなければならない。

　行政行為は、ドイツの法律用語である"Verwaltungsakt"の訳語だが、我が国ではもっぱら学問上の概念として用いられており、むしろ、「処分」ないし「行政処分」と呼ぶ方がなじみやすいと思われる。日常語のイメージからすれば、「行政行為」は、行政活動全般を指すような抽象的な印象を受けやすいが、権力性の現れる具体例を念頭に置きながら、行政行為概念を着実に理解すべきである。その上で、行政行為とそれ以外の行政形式との違いは何かを説明できるようにしてほしい。

2 行政行為の公定力

　行政行為を厳格に定義する必要があるのは、行政行為が法律により、他の行政形式に見られない特殊な効力を与えられているためである。特殊な効力というのは、拘束力・公定力・自力執行力・不可争力・不可変更力を指すが、中でも、公定力が最も重要である。

　公定力は、違法な行政行為であっても、権限のある機関が取り消すまでは、有効なものとして扱われ、国民を拘束する効力である（適法と推定される訳ではない点に注意）。公定力は、行政活動の円滑な実現のために、違法な行為が法的に無効となるという原則を覆すもので、その効力を争う手続も制限されるから、国民や法治主義に一定の制約を課すものである。ただ、行政行為であっても、重大かつ明白な瑕疵があるものにまで、公定力を認めることは不合理であるから、こうした行政行為は無効な行政行為として、公定力が働かないものとされている。

　以上、法治主義により違法な行為は無効となる（原則）→公定力により行政行為は一応有効なものと扱われる（例外）→無効の行政行為に公定力は働かない（例外の例外）という、原則・例外関係を意識することが、公定力を理解する上で重要である。

3 裁量行為

　法治主義のもとにおいても、行政は法律の機械的一律的な執行にとどまらず、個別的な事態に応じた弾力的な対応を許容される場合がある。その際、複数ある選択肢の中から、どれを選ぶかについて、行政庁の任意の判断に委ねられる場合があり、これを裁量行為と呼ぶ。行政法学は、法治主義との調和のとれた裁量行為の実現のため、とくに、法治主義の要である裁判所による司法的統制に着目し、どのような場合に裁量行為に対する司法審査が可能であるかを重要な課題と位置づける。

　伝統的な通説は、裁量行為を法規裁量と自由裁量に区別し、前者については法律問題として、裁判所の審査が可能であるが、後者については行政庁の政策判断の問題として、審査ができないものとしてきた。この背景には、裁判所が、法原理機関であるから、法的判断はできるが、政策判断はできないという建前がある。

　そして、何をもって裁量の区分とするのか、その基準をめぐって学説上の対立がある。かつては、行政庁の裁量権がもっぱら法律要件の認定において認められるとの考え方に基づき、法文に要件が明記されているか否かで区別する立場（要件裁量説）と、裁量権は法律要件の内容としては認められず、行政行為の決定ないし選択といった効果面においてのみ認められるとの考え方に基づき、行政行為の効果が国民の権利利益を侵害するものか否かで区別する立場（効果裁量説）とが対立してきた。

　しかし、行政が複雑化してきた現在、いずれの考え方も限界があるとされている。最近では、要件の認定にせよ、効果の決定にせよ、一般人の通常判断能力をもってできる判断が法規裁量、行政庁の高度な専門技術的判断や政策的判断は自由裁量とするのが一般的である。また、裁量の問題を、概念的な区分に関わらず、法を通じた裁判所の統制密度としてとらえ、行政との機能分担の問題として論じていく立場も有力である。

第2章 行政行為の意義

　行政行為とは、**行政庁**が、法令に基づき、**公権力の行使**として、国民の権利義務に対し、直接具体的な規律を行う法的行為をいう。たとえば、許可制、認可制、下命制、禁止制などが、行政行為にあたる。**行政処分**とよばれることもあるが、その具体例は実定法にみられる（関連法条参照）。以下、行政行為の特徴をあげる。

① **行政庁の行為であること**

　行政行為は、行政庁の行為に限られるから、行政機関であっても、行政庁以外の機関による行為は行政行為に該当しない。

② **法令に基づくこと**

　法律による行政の原理から、行政行為は、行政庁がその自由な判断に基づき行うものではなく、国民代表により構成される国会の制定した法律等に基づき、それに適合するように行われなければならない。

③ **公権力の行使であること**

　行政行為は、公権力の行使として、行政庁が一方的に規律する行為であるから、権力性に欠ける私法行為や国有財産の貸付け等の**行政契約**と区別される。ただ、権力性に欠ける場合であっても、規制的行政のみならず、むしろ授益的行政においても幅広い範囲で行政行為は用いられている。例えば、道路や河川の利用関係については行政行為の方式（占用の許可（河川法23条以下、道路法32条））が用いられるし、社会保障の分野でも、生活保護決定（生活保護法24条、25条）をはじめとして行政行為が用いられている例が多い。

④ **国民に対してなすこと**

　行政行為は、国民に対してなす外部的行為であるから、**訓令・通達**のような行政機関内部の行為は行政行為ではない。

⑤ **具体的事実を規律すること**

　具体的事実を規律するものであるから、一般的抽象的規範の定立にとどまる**法規命令**や**行政計画**は、特定範囲の人に向けられている場合でも行政行為ではない。ただし、具体的事実を規律する行為である限り、不特定多数人を名宛人とする「一般処分」は行政行為に該当する。

⑥ **法的行為であること**

　行政指導のように法的効果を生じない事実行為は、行政行為ではない。

行政行為の意義

■関連法条／行政事件訴訟法3条2項、行政不服審査法1条・2条、行政手続法1条・2条、地方自治法242条の2 など
●キーワード／行政庁　公権力　処分　行政立法　法規命令　訓令・通達　行政計画　行政契約　行政指導

【問題】行政行為に関する次の記述のうち、正しいものはどれか。

❶ 議会や裁判所は、本来、立法行為あるいは司法行為を行う機関であるが、これらの機関が行政行為を行うこともある。
❷ 行政行為は、名宛人の特定が必要であり、国民の権利義務を一般的・抽象的に定立する行政立法や、不特定・多数人に対してなされる行為などは、行政行為にあたらない。
❸ 行政行為は、公権力を一方的に行使し、法律関係を確定・規律する行為であり、当事者間の合意を要件とする契約行為や相手方の同意を要件とする行為は、行政行為にあたらない。
❹ 行政指導のように任意的協力に基づくものであっても、国民の権利義務に影響を与える場合は、行政行為となる。
❺ 関税定率法に基づいて税関長がする輸入禁制品該当の通知は、単なる事実行為であって行政行為にはあたらない。

解説

❶ 正しい。地方議会が議員に対して行う懲罰や、裁判所が裁判所職員に対して行う懲戒処分などは「行政行為」に該当する。
❷ 誤り。個別に特定された人でなく、不特定多数人を対象とする行政行為を一般処分という。行政立法に類似するが、具体的な事実に関して規律をする行為である点で区別される。
❸ 誤り。公務員の任命行為は、通常の行政行為とは異なるが、「同意を要する行政行為」として、行政行為の一種であると解されている。
❹ 誤り。行政指導は事実行為であり、行政行為ではない。
❺ 誤り。この場合の通知は、実質的な輸入拒否処分として機能するから、行政行為に該当する（最判昭和54年12月25日）。

【正解】　❶

第2章 行政行為の種類

行政行為

　一般的に行政行為は、行政庁の効果意思の有無により、法律行為的行政行為と準法律行為的行政行為に分類される。

　法律行為的行政行為とは、行政庁の意思表示をその要素とし、行為者である行政庁が一定の効果を欲するがゆえにその効果を生ずる行為をいい、**準法律行為的行政行為**とは、行政庁による意思表示以外の判断・認識・観念などの表示に法律が一定の法的効果を結びつけた行為をいう。

　法律行為的行政行為は、国民が生まれながらに有している自由を制限して、一定の行為をする義務を命じたり、その制限を解除したりする行為（**命令的行為**）と、国民が本来有していない特殊な権利、能力その他法的地位を与えたり、奪ったりする行為（**形成的行為**）に区分される。命令的行為の違反に対しては、強制執行や刑罰が用いられることとなるが、違反行為それ自体は原則として有効と扱われる。これに対し、形成的行為に違反する法律行為は無効と扱われる。

　命令的行為には、下命・禁止、許可、免除がある。**下命**は、国民に一定の作為義務を課すことをいい、**禁止**は、不作為義務を課すことをいう。**許可**は、国民に課されている一般的な禁止を解除する行為をいう。**免除**は、すでに課されている作為義務を解除する行為をいう。

　形成的行為には、特許・剥権、認可、代理がある。**特許**は、特定人のために新たな権利を設定し、その他法律上の権利や地位を付与することをいい、**剥権**は、その権利や地位を奪うことをいう。**認可**は、第三者の契約、合同行為等の法律行為を補充して、その法律上の効力を完成させる行為をいう。**代理**は、第三者のなすべき行為を国、地方公共団体等の行政庁が代わって行い、第三者が自らしたのと同じ効果を生じさせる行為をいう。

　準法律行為的行政行為には、確認、公証、通知、受理がある。**確認**は、特定の事実又は法律関係の存否について、公的権威をもって判断し、これを確定する行為をいう。**公証**は、特定の事実又は法律関係の存在を公的に証明する行為をいう。確認が判断の表示であるのに対し、公証は認識の表示である。**通知**は、特定又は不特定人に対し、特定の事項を知らせる行為で、法律により一定の法律効果が付されている行為をいう。**受理**は、他人の行為を有効な行為として受領する行為をいう。

■関連法条／行政事件訴訟法3条2項、行政不服審査法2条1項など
●キーワード／法律行為的行政行為　命令的行為　下命・禁止　許可　免除　形成的行為　特許・剝権　認可　代理　準法律行為的行政行為　確認　公証　通知　受理

【問題】行政行為に関する次の記述のうち、正しいものはどれか。

❶ 講学上の「認可」は、事実としての行為が適法に行われるための要件であり、認可を得ずしてそれを要する行為を行ったときは、その行為は違法であるが、当然に無効とはならない。
❷ 行政庁の意思表示を要素として、行政庁が一定の効果を欲するために、その効果を付与される行政行為を準法律行為的行政行為と呼ぶ。
❸ 講学上の「特許」は、法律行為の効力要件であり、これを要する法律行為を特許なしに行ったときは、その行為はいつでも取り消しうる。
❹ 人の本来自由な事実上の行動について、その自由を制限し、又はその制限を解除することを内容とする行政行為のことを命令的行政行為と呼ぶが、公務員の任命や公企業の特許などがこれにあたる。
❺ 講学上の「許可」は、法令または行政行為によって課されている一般的な禁止を特定の場合に解除する行為のことであるが、許可を要する行為を許可なしに行ったとしても、その行為は当然無効となるわけではない。

解説

❶ 誤り。認可は、法律行為を補充してその法律効果を完成させる行為であり、認可を得ない要認可行為は、当然に無効となる。
❷ 誤り。法律行為的行政行為が正しい。準法律行為的行政行為は、行政庁の意思表示を要素としない。確認、公証、通知、受理がこれにあたる。
❸ 誤り。特許を得ずして行った行為は、原則として無効となる。
❹ 誤り。公務員の任命や公企業の特許は、権利、権利能力や包括的な法律関係を形成消滅させる形成的行政行為の一つである。
❺ 正しい。許可は適法要件であり、許可を受けない行為は、違法な行為となるが、当然にその行為が無効になるわけではない。　【正解　❺】

第2章 行政行為の効力

有効に成立した行政行為は、その内容に応じた法的効果を生じさせるほかに、**拘束力・公定力・自力執行力・不可争力・不可変更力**といった効力を有するとされている。

拘束力とは、行政行為がその内容に応じて効果を生じ、相手方又は他の行政機関や行政主体を拘束する効力をいう。

公定力とは、行政行為が違法であっても、権限ある行政庁又は裁判所によって取り消されるまでは、原則として何人もその行政行為の効力を承認しなければならない効力をいう。もし国民一人ひとりが行政行為の有効性を独自に判断すると、行政行為の実効性、信頼性が損なわれる。そこで公定力は、違法な行政行為でもとりあえず有効とすることで、行政目的を早期に実現し、かつ行政法秩序の安定を維持するといった法政策的目的から認められるものである。かつて公定力は、行政行為が法律に基づく公権力の行使であることによって当然に認められる効力であると考えられていたが、今日では、行政事件訴訟法等が行政行為の効力を覆滅させる特殊かつ排他的な争訟手続を法定したことの反映であるとする見解が有力である。

自力執行力とは、行政行為の内容を、裁判所の強制執行手続によらずに行政庁が自力で実現することができる効力をいう。この効力もかつては国民に一定の義務を課す行政行為に本来的に内在する効力であると考えられてきたが、今日ではそれを根拠づける個別法律（行政代執行法、国税徴収法など）が必要であると解するのが通説である。

不可争力とは、行政行為の効力を争う特別な争訟手続には、短期の争訟提起期間が定められており、その期間を経過した後は、もはやその効力を争えなくなるという効力をいう。例えば、行政不服審査法では、審査請求は処分があったことを知った日の翌日から起算して60日以内にしなければならないとしている（14条）。また、行政事件訴訟法では、取消訴訟は処分があったことを知った日から起算して6か月以内に提起しなければならないとしている（14条）。

不可変更力とは、行政行為の瑕疵や成立後の事情変更にもかかわらず、処分庁又は監督庁が職権でその行政行為を取り消すことができなくなる効力をいい、紛争裁断作用の場合などに限って例外的に認められる。

行政行為の効力

■関連法条／行政事件訴訟法14条、行政不服審査法14条など
●キーワード／拘束力　公定力　自力執行力　不可争力　不可変更力

【問題】行政行為の効力に関する次の記述のうち、正しいものはどれか。

❶　行政不服審査に関して審査庁がいったん行った裁決を取り消し、新たに裁決を行うことは違法であるが、新たな裁決自体は当然に無効である場合を除き、適法に取り消されない限りその効力を有する。

❷　行政行為は、当然に自力執行力を有するから、法律に特段の規定がなくとも、行政庁は自力で行政行為の内容を実現することができる。

❸　すべて行政行為には不可変更力が働くから、法律で定めのない限り、行政庁は行政行為の変更や取消し又は撤回を行うことができない。

❹　行政行為はたとえ重大かつ明白な違法があっても、公定力による適法性の推定を受け、権限ある機関が取り消し又は無効を認定するまでは、常に当事者その他の第三者を拘束する。

❺　行政行為は、行政事件訴訟法に定められた出訴期間を過ぎれば、不可争力を生ずるから、当該期間の経過後には行政庁も行政行為を職権で取り消すことができなくなる。

解説

❶　正しい。最判昭和30年12月26日を参照。
❷　誤り。今日では、行政代執行法や国税徴収法など、個別の根拠法律が必要であると解されている。
❸　誤り。不可変更力は、異議申立ての決定や審査請求の裁決のような、行政庁による紛争裁断作用などの場合に例外的に認められるものであって、すべての行政行為に認められる訳ではない。
❹　誤り。瑕疵が重大かつ明白な違法である場合は、無効の行政行為として公定力は働かない。
❺　誤り。行政事件訴訟法上の出訴期間の制限は、国民の側から訴えを提起することができないとするものであり、行政庁を拘束するものではない。

【正解】　❶

第2章 行政行為の附款

行政行為の附款とは、行政行為の効果を制限したり、特別な効果を付加するために、その本体に付加された付随的事項をいう。主たる意思表示である行政行為に付加される行政庁の**従たる意思表示**であるから、附款を付しうる行政行為は、行政庁の意思表示を要素とする法律行為的行政行為に限られ、その性質上、準法律行為的行政行為には附款を付すことができない。

附款の種類としては、条件、期限、負担、撤回権の留保等があるが、法令上は単に条件と呼ばれることが多い。法令上の根拠がある場合のほか、**裁量行為**については、その裁量権の範囲内で附款を付すことができる。附款の内容は、本体行為の目的と関連するものでなければならず、比例原則や平等原則に反してはならない。

条件とは、民法における条件と同義であり、行政行為の効力発生又は消滅を発生不確実な事実にかからしめる附款をいう。**停止条件**（例えば、会社の成立を条件として、会社の発起人に道路の占用を許可したり、放送局を免許したりする場合）と**解除条件**（例えば、一定期間内に工事に着手しなければ失効することを条件として原子力発電施設の設置許可をする場合）がある。

期限とは、民法における期限と同義であり、行政行為の効力の発生・消滅を発生確実な事実にかからしめる附款をいう。**始期**（例えば、○月○日から道路の占用を許可する場合）と**終期**（例えば、×月×日まで道路の占用を許可する場合）がある。

負担とは、法令に規定されている義務以外の特別の義務を命ずる意思表示をいう。例えば、集団示威行進の許可に際して、駆け足をしてはならないというのは不作為義務にかかる負担である。負担に対する違反は、行政行為の効力に直接関係するものではなく、原則として行政行為の撤回事由にとどまる。実務上、補助金の交付決定にかかる補助条件（負担）のように、申請に基づく許可・免許等、相手方に権利・利益を付与する**授益処分**によくみられる。

撤回権の留保とは、行政行為をする際、撤回する場合があることを予め宣言しておくことを内容とする附款をいう。もっとも、撤回権の行使にも一般的な制限があるので、実際上の意義はあまりないともいわれる。

行政行為の附款

■関連法条／風営適化法３条２項、農地法３条３項、道路交通法91条、公衆浴場法２条４項、都市計画法79条など
●キーワード／従たる意思表示　条件　停止条件　解除条件　期限　負担　始期　終期　撤回権の留保　裁量行為　授益処分

【問題】行政行為の附款に関する記述のうち、正しいものはどれか。

❶　附款は、法律行為的行政行為のほか、準法律行為的行政行為にも付すことができる。
❷　撤回権の留保とは、主たる意思表示に付加して特定の場合に行政行為を撤回する権利を留保する意思表示をいう。
❸　附款は、法令で附款を付する旨が直接明示されている場合に限り、これを付すことができる。
❹　期限とは、行政行為の効力の終期を到来確実な事実にかからしめる意思表示であり、効力の始期を到来確実な事実にかからしめる意思表示は、期限にあたらない。
❺　附款は従たる意思表示であるから、附款が無効とされる場合でも、行政行為本体の効力には影響を及ぼさない。

解説
❶　誤り。附款は、主たる意思表示である行政行為に付加される行政庁の従たる意思表示であるから、準法律行為的行政行為には付すことができない。
❷　正しい。公益上の支障や相手方の義務違反が発生した場合に行政行為を消滅させる権利を留保する意思表示である。
❸　誤り。附款は、法令で附款を付する旨が明示されている場合又は行政庁に裁量が認められている場合に、付すことができるものと解されている。
❹　誤り。期限は、行政行為の発生又は消滅を、成否が確実な事実にかからせる附款である。効力発生の場合を始期、消滅の場合を終期という。
❺　誤り。附款が無効とされる場合、その附款が行政行為の重要な要素であるときには行政行為全体が無効になる。

【正解】❷

第2章 瑕疵ある行政行為

行政行為として行われた行政庁のある行為に、行政行為の主体、内容、手続、形式等の法定要件のいずれかが欠けていた場合、又は、裁量を誤った不当がある場合、当該行為を**瑕疵ある行政行為**といい、前者の場合を**違法な行政行為**、後者の場合を不当な行政行為と呼ぶ。

瑕疵ある行政行為は、その瑕疵が重大かつ明白であれば**無効の行政行為**となり（**重大明白説**：最大判昭和31年7月18日等）、それに至らないものは、**取り消しうべき行政行為**となる。ただ、場合によって、瑕疵が重大であるだけでも無効とされることがある（最判昭和48年4月26日）。

取り消しうべき行政行為は、**公定力**により一応有効なものとして扱われるから、行政行為の相手方は、その瑕疵を**行政不服申立**てや**行政事件訴訟**を通じて主張しなければならず、しかも、出訴期間が経過するともはやその効力を争えなくなる（**不可争力**）。これに対し、**無効の行政行為**には、公定力が働かないので、裁判所は取消訴訟以外の訴訟においても当該行為の無効を認定でき、その際、不可争力による出訴期間の制限もおこらない。

先行する行政行為（先行行為）に違法事由が存在する場合、その行為を前提として別の行政行為（後行行為）がなされた場合、後行行為自体には瑕疵がなくとも、先行行為が後行行為の取消事由になる場合があり、これを**違法性の承継**という。例えば、農地買収計画と農地買収処分、差押処分と公売処分のように、先行行為と後行行為とが連続した一連の手続を構成し、一定の法律効果の発生を目指しているような場合に認められる。また近年最高裁は、建築確認の取消訴訟において、先行する安全認定の違法を主張することは認められるとしている（最判平成21年12月17日）。なお、無効の行政行為には、不可争力が生じないから、違法性の承継を考える必要はない。

瑕疵ある行政行為であっても、その後の行為や事実によって瑕疵が実質的に是正されたと解しうるとか、瑕疵が軽微で取消事由とするに値しない場合には、法的安定性その他の公益的見地から、その行為を有効なものとして取り扱うことを**瑕疵の治癒**という。瑕疵ある行政行為を別個の行政行為としてみれば、瑕疵はないと判断される場合、これを別個の行政行為として有効な行政行為とみなすことを**瑕疵ある行政行為の転換**という。ただし、これを認めるためには、相手方の不利益にならないことが必要である。

■関連法条／行政事件訴訟法14条・36条・45条など
●キーワード／違法な行政行為　不当な行政行為　取り消しうべき行政行為　公定力　不可争力　無効の行政行為　重大明白説　違法性の承継　瑕疵の治癒　転換

【問題】瑕疵ある行政行為に関する次の記述のうち、正しいものはどれか。

❶　違法な行政行為により損害を受けた者が、国家賠償請求をするには、あらかじめ当該行政行為について取消しまたは無効確認の判決を得なければならないものではない。

❷　行政行為に公定力が認められるのは、法律に基づく公権力の行使であるという理由で適法性が推定されるためである。

❸　行政行為の瑕疵が重大で、当事者の被る被害が著しく大きく、かつ、第三者の信頼保護を考慮する必要がない場合でも、瑕疵が明白といえなければ、これを無効にする余地はない。

❹　瑕疵ある行政行為としては、法令に反する違法な行政行為のみがこれにあたる。

❺　行政行為には、完全な公益適合性と適法性が備わっていなければならないから、軽微な瑕疵といえども取消事由にしなければならない。

解説

❶　正しい。国家賠償請求には行政行為の公定力は及ばないとされている。最判昭和36年4月21日参照。

❷　誤り。行政行為には、適法性の推定ではなく、行政行為を一応手続上有効なものとして扱う「有効性の推定」が働いている。

❸　誤り。判例には、判決の影響を被る第三者が存在しない場合に、明白性の要件を考慮せずに、瑕疵の重大性のみで行政行為を無効にしたものがある（最判昭和48年4月26日）。

❹　誤り。法令に反する違法な行政行為だけでなく、公益に反する不当な行政行為も瑕疵ある行政行為とされる。

❺　誤り。取消事由に値しないほど軽微な瑕疵の場合、瑕疵が治癒されたとして有効な行政行為として扱うことができる。

【正解】❶

第2章 行政行為の取消しと撤回

行政行為の取消しとは、行政行為が成立当初から瑕疵を有する場合に、処分庁、監督庁又は裁判所がその効力をはじめから**遡及的**になかったこととする旨の意思表示をいう。行政行為の取消しには、**争訟取消し**と**職権取消し**があり、前者は、行政行為により不利益を受けた者が、行政不服審査法や行政事件訴訟法に基づき取消しを求める場合であり、後者は、行政庁が自らその職権で行政行為を取り消す場合をいう。**行政行為の撤回**とは、行政行為は瑕疵なく成立したが、その後の事情の変化によりこれを維持することが妥当でないと判断される場合に、処分庁がその効力を**将来に向**かって失わせる旨の意思表示をいう。

瑕疵ある行政行為は、本来あってはならないものであるから、行政庁による職権での取消しには個別の法律の根拠を要しないとする点で学説は一致している。もっとも、**法的安定性や私人の信頼保護**の観点から、一定の制限が加えられると考えられている。例えば、特定人に権利利益を付与する**授益的**行政行為や第三者に法的利益を与える**複効的（二重効果的）行政行為**の場合には、行政庁が勝手に取り消すと相手方の地位を著しく不安定にし、行政への国民の信頼を害することになるので、みだりに取消しを許すべきではない（最判昭和43年11月7日参照）。また、当該行政行為が行政審判等の**紛争裁断作用**である場合には、**不可変更力**が認められるので、処分庁が取り消すことはできなくなる。なお、無効の行政行為も、これを形式的に取り消すことがあるが、その実質は無効の宣言であり、理論上は取消しと区別される。

行政行為の撤回は、当初から瑕疵がある行政行為の効力を遡及的に失わせる取消しと観念的に異なるが、法令上は、取消しの語を用いるのが通例である（例えば、風俗営業等の規制及び業務の適正化等に関する法律8条）。関係法令にその根拠規定が設けられている場合が多いが、一般的には具体的な根拠規定がなくとも行政庁は**撤回権**を行使できると解されている。ただ、とくに**授益的**行政行為の撤回には制限があり、相手方の責めに帰すべき事由のある場合や相手方の同意のある場合を除き、公益上の理由で撤回をするときは、撤回によって生ずる不利益に対する損失補償が必要とされている。**行政手続法**では、許認可等を撤回する**不利益処分**をしようとするとき、**聴聞**を義務づけている（13条1項1号イ）。

行政行為の取消しと撤回

■関連法条／行政不服審査法、行政事件訴訟法、行政手続法13条１項、風営適化法８条など
●キーワード／遡及効　将来効　争訟取消し　職権取消し　取消権者　撤回権者　授益的行政行為　複効的行政行為　行政手続法　不利益処分　聴聞

【問題】行政行為の取消しと撤回に関する次の記述のうち、正しいものはどれか。

❶　行政行為を取り消すことにより、国民の権利利益が侵害されるとしても、当該行政行為が違法であれば、必ず取り消されなければならない。
❷　瑕疵ある行政行為の撤回は、当該行政行為を行った処分庁のみがこれをなしうる。
❸　行政庁が行政行為の撤回を行うためには、法律上個別の明文の規定が必要である。
❹　行政行為の撤回は、処分庁のみが行いうるので、処分庁の監督庁としては、原則として、処分庁への撤回命令を出すのが限度である。
❺　瑕疵ある行政行為の取消しは、正当な権限のある行政庁のみがこれをなしうる。

▶解説

❶　誤り。取消しによって得られる利益が、失われる利益よりも小さいときには、取消権の制限が生じることがある（最判昭和33年９月９日）。
❷　誤り。撤回は、瑕疵なく成立した行政行為を将来に向かって効力を失わせる行為であるので、瑕疵ある行政行為は撤回できない。
❸　誤り。公益上の必要性が認められる場合であれば、明文の規定がなくとも撤回は可能である（最判昭和63年６月17日）。ただし、公益上の理由で撤回をする場合には、撤回によって生ずる不利益に対し、相当の補償をしなければならないとするのが一般的見解である。法律上に補償規定が置かれる場合もある（河川法76条、鉱業法53条の２など）。
❹　正しい。撤回は、公益判断をなすのに適当な立場にある処分庁にのみ認められている。
❺　誤り。裁判所も取消権を有する。

【正解】❹

新要点演習／行政法　39

第2章 行政行為における裁量

行政行為

　行政行為は、法律に基づき、法律に従って行われるので、その要件・内容・発動の可否ができるだけ詳細かつ明確に法律によって規定されることが望ましい。しかし、法律の定めの仕方は一様ではないし、複雑化した**行政国家**の下では、**行政庁の専門的判断**に基づく柔軟な対応が必要な場合も少なくない。そこで、法律の定める要件の内容が一義的な場合もあれば、緩やかな場合もある。こうした観点から、行政行為は、法が一義的に要件・内容について定め、行政庁の機械的執行として行われる行為（**覊束行為**）と、行政庁の裁量が働く余地がある行為（**裁量行為**）に分類される。

　裁量行為は、さらに裁判所がどの程度まで行政庁の判断を審査できるかという観点から、**法規裁量行為**と**自由裁量行為**に分類される。前者は**合法性の裁量**であって、その誤りは法律問題として司法審査に服するのに対し、後者は単に**公益性の裁量**に過ぎないため司法審査の対象とはならないと考えられてきた。そして、法規裁量か自由裁量かの区別の基準については、通常人の日常的経験に基づいて判断可能なものであるか、それとも行政庁の高度な専門的技術的知識に基づく判断又は高度な政治的行政的判断が必要であるかによるとするのが一般的である。

　しかし今日では、**自由裁量**といえども、その**踰越と濫用**がある場合には違法と判断されるので（行政事件訴訟法30条）、裁判所の審査から完全に自由な裁量というものはもはや認められない。例えば、行政庁の自由裁量に委ねられた行為であっても、重大な事実誤認に基づく裁量権行使、法の目的以外の目的のための裁量権行使、目的を誤った裁量権行使、比例原則違反、平等原則違反等は、いずれも裁量権の踰越や濫用として違法であると考えられる。一方で、**法規裁量**の解釈においても、裁判所が行政庁の判断を尊重せざるを得ない一定の裁量範囲（専門技術的判断や総合的政治的価値判断）もありうると考えられるようになり、自由裁量と法規裁量の区別は相対化したといわれる。

　さらに、最近では、**覊束行為**と**裁量行為**の区別も困難であって、両者の区別はむしろ法の拘束の程度の問題にすぎず、機能的に、どこまで裁判所に判断を委ね、どこまで行政庁の判断を尊重するのが合理的かというような司法審査の「統制密度」の問題ととらえる見方も有力になっている。

■関連法条／行政事件訴訟法30条
●キーワード／羈束行為　裁量行為　法規（羈束）裁量行為　自由（便宜）裁量行為　裁量権の踰越・濫用　要件裁量説　効果裁量説

【問題】行政行為に関する次の記述のうち、正しいものはどれか。

❶　法律による行政の原理の下では、行政の役割は、単に法律の具体化にとどまり、自己判断の余地が与えられることはありえない。
❷　当該処分が法規裁量にあたるか自由裁量にあたるかは、法令の文言を重視し、法の規定の仕方によって区別することに争いはない。
❸　委任立法に対する司法的統制は、委任の範囲を超えているかどうかであって、行政庁が委任を正確に実行しているかどうかではない。
❹　裁量行為の中でも、法規裁量については、司法判断が可能であるが、自由裁量については、司法判断が一切及ばない。
❺　課税処分のように法律によって税額まで厳格に羈束されている行為については、裁判所が行政庁の判断に拘束されることは全くない。

解説

❶　誤り。法治国原理を徹底すれば、行政が単に法律の具体化や法の執行にとどまるべきであるが、現実には実現困難である。
❷　誤り。これについては、伝統的に法令の文言を重視する要件裁量説（文言説）と、行為の性質を重視する効果裁量説（性質説）とが対立していた。
❸　正しい。委任立法は、行政が一般的な規範の定立を認めるものであり、その際どのような内容の規範を定立するかには、委任立法の定立権者に裁量の余地がある。
❹　誤り。自由裁量といえども、裁量権の逸脱・濫用にわたる場合は、司法審査の対象となる（最判昭和52年12月20日参照）。
❺　誤り。伝統的な羈束行為・裁量行為の区分も相対化しており、羈束行為とされる分野であっても、司法権が行政庁の専門技術的判断を尊重する傾向にある（東京地判昭和38年10月30日参照）。

【正解　❸】

判例チェック

（税関所長がする輸入禁制品該当の通知の処分性について）
・横浜税関検査事件：最判昭和54年12月25日民集33巻7号753頁
（裁決を裁決庁が自ら取り消した違法と取消処分の効力について）
・耕作権確認並耕地引渡請求事件：最判昭和30年12月26日民集第9巻14号2070頁
（瑕疵ある行政行為の効力について）
・国籍不存在確認請求事件：最大判昭和31年7月18日民集第10巻7号890頁
・所得税賦課処分無効確認等請求事件：最判昭和48年4月26日民集第27巻3号629頁
（建築確認に先行する安全確認の違法性の主張について）
・建築確認処分取消等請求事件：最判平成21年12月17日民集第63巻10号2631頁
（国家賠償請求における行政行為の公定力について）
・宅地買収不服、所有権確認請求事件：最判昭和36年4月21日民集第15巻4号850頁
（瑕疵ある行政行為と法的安定性、私人の信頼保護の関係について）
・所有権確認等請求事件：最判昭和43年11月7日民集第22巻12号2421頁
（行政行為の取消権の制限について）
・農地買収令書取消処分無効確認請求事件：最判昭和33年9月9日民集第12巻13号1949頁
（行政行為の明文規定のない撤回について）
・優生保護法指定医の指定取消処分取消等請求事件：最判昭和63年6月17日集民第154号201頁
（自由裁量と司法審査の可否について）
・行政処分無効確認等事件：最判昭和52年12月20日民集第31巻7号1101頁

新要点演習
行政法

第3章

行政行為以外の行為形式

- （概観）
- 行政立法
- 行政計画
- 行政調査
- 行政指導
- 行政契約
- 授益的行政

- 判例チェック

第3章 行政行為以外の行為形式

（概観）

1 行政行為の限界

　現代社会においては、福祉国家の要請により、本来、法律の執行部門に過ぎない行政が、国家の意思決定に参与すると同時に、国民の日常生活のあらゆる分野に関係するようになってきている。そうした中、行政目的を達成するためには、権力的個別的な行為形式である行政行為だけでなく、多種多様な状況に適切に対応するための行為形式が必要になる。

　本章では、そうした行為形式である行政立法、行政計画、行政調査、行政指導及び行政契約について取り上げるとともに、福祉国家の進展に伴い、その重要性が増している授益的行政（給付行政）について概観する。

　質・量ともに、行政需要が増大する状況にあっては、これらの行為形式の採用も合理的であるが、裁判所による法を通じた統制がしにくいといった難点もある。また、極度の福祉国家化により、国家の役割が増大し、古典的法治国家が標榜する私人の自由な活動が極度に阻害されないように留意しなければならない。

2 行政立法・行政計画

　行政立法には、法規たる性質を有する法規命令と、法規たる性質を有しない行政規則とがある。法律の法規創造力の原則（憲法41条）によれば、法規命令を定立するには、法律の根拠が必要となり、法律から独立して定立される独立命令は禁止されるが、法律を執行するために定立される執行命令及び法律の委任を受けて定立される委任命令は、許容される。内閣は、政令をもって、執行命令及び委任命令を制定することができる（憲法73条6号、内閣法11条。政令以外の命令につき、内閣府設置法7条3項・4項、国家行政組織法12条・13条参照）。なお、法律により委任を受けた機関が、さらにその立法を他の機関に委任（再委任）できるかについては、委任事項の限られた一部を再委任しても、当該法律の委任の趣旨に反しないとされた事例がある（最大判昭和33年7月9日）。

　一方、行政規則は、行政の内部にしか効果を及ぼさないので、法律の根拠なしに制定でき、裁判において、行政規則の違法性を争うことはできない（最判昭和43年12月24日）。

　行政計画は、具体的な処分ではないから、策定された計画そのものを裁

判で争うことはできないのが原則であるが、個別的な法律に根拠を有する行政計画のなかには、計画策定行為に処分性が認められるものもある（最判平成4年11月26日、最大判平成20年9月10日）。

行政立法も行政計画もともに、将来の行政活動を規定又は方向付けるものであり、国民の権利・義務に影響を与えるものである。また、立法又は計画策定者には、相当の裁量が認められるから、行政による恣意的判断を抑制するとともに、多様な民意を適切に反映できるようにしなければならない。そこで、事前の手続として、パブリック・コメントや公聴会・審議会等が活用されるべきである。

3　行政調査

行政調査は従来、即時強制に含めて考えられてきたが、将来適切な行政処分を行うための準備として資料情報を集める作用であるから、有形力の行使を正当化するほどの緊急性は必ずしも認められないなど、即時強制とはその性質を異にしており、最近では、独立の概念として検討する考え方が有力である。

4　非権力的行政

非権力的行政とは、行政主体が、行政活動をする際、非権力的手法を用いるものであり、権力的行政と対比される。非権力的手法としては、行政指導や行政契約のほか、物の給付や情報の提供などがあげられる。

法律による行政の原理の下では、法令の定める一般的基準に従って行政行為を発し、国民に義務を命ずるのが行政活動の基本である。しかし、現実には、新しい事態が発生し行政上の措置が必要とされているにもかかわらず、これに対応する適切な法律の定めがないことがある。また、根拠規定があっても、法律の規定の一律の執行では、新たに発生してきた行政需要に的確に対処できない場合がある。そこで、本来の権力的行政を補完するものとして、様々な非権力的手法が用いられるようになってきたのである。

第3章 行政立法

　行政立法とは、行政機関によって定立された一般的抽象的法規範をいう。このうち、国民の権利義務にかかわる**法規**たる性質を有するものを**法規命令**といい、法規としての性質を有しないものを**行政規則**という。法規命令としては、政令・内閣府令・省令・人事院規則・地方公共団体の長の定める規則などがあり、行政規則としては、行政事務の内部分掌・下級機関に対する行動基準、裁量基準を定めた**訓令・通達**、公共施設の**利用規則**、補助金の**交付規則**、行政指導の**指導要綱**などがある。行政規則は、行政命令または行政規程と呼ばれることもある。

　国家の活動分野が拡がり、行政に関する立法が量的に増加するとともに、その内容の専門化・技術化が進む現代の状況では、法律には実施すべき施策の目的や要件・内容につき大綱的で指針的な定めを置くにとどめ、細目的事項の定めを行政機関に委任することが少なくない。行政立法は、①専門技術的な判断を要する事項、②事情の変遷に応じ頻繁に改廃を要する事項、③政治的に中立な立場で決するのが適当な事項、④地域の特殊性に応じ別異の定めを要する事項等についてなされる。

　唯一の立法機関は国会であるから（憲法41条）、**法規命令**は法令を執行するためのもの（**執行命令**）と、個々の法令の個別的委任に基づくもの（**委任命令**）に限定される。法律から独立した法規命令（**独立命令**）は、憲法上、認められない。また、法律の委任は、個別的具体的でなければならず、白紙委任・包括的な委任を行う法律も違憲となる。例えば、近年、医薬品のインターネット上での販売に関する省令が薬事法の委任の範囲を超えるとされている（最判平成25年1月11日）。とくに、罰則の委任は、事柄の性質上、やむをえない特別の場合に限り、認められる。

　一方、**行政規則**は、行政組織等の内部関係にしか効果が及ばないので、法律の根拠なくして制定することができ、一般国民との関係で**裁判規範**として作用することもない。行政争訟において、行政規則自体の違法性を争うこともできない。ただ、最近は、国民の権利救済の観点から、特定の限られた場面では、**平等原則や信頼保護の原則**などを通じて、当該行政規則を違法と評価しうる場面がありうると考えられている。この限りにおいて、「行政規則の外部化」ということが指摘される。

行政立法

■関連法条／憲法41条・73条6号、国家行政組織法12条・13条、行政手続法2条8号イ・38〜45条
●キーワード／唯一の立法機関　法規命令　独立命令　委任命令　執行命令　行政規則　行政規則の外部化

【問題】行政立法に関する次の記述のうち、正しいものはどれか。

❶　現行憲法下では、法律から独立して発せられる独立命令は、国家非常事態のような例外的な場合にのみ認められる。
❷　執行命令は、上級の法令を執行するために発せられる命令であるから、当該上級の法令が廃止された場合には、執行命令もその効力が失われる。
❸　独立行政委員会は、内閣から独立した機関なので、人事院や公正取引委員会の定める規則は、法規命令には含まれない。
❹　法規命令に罰則規定を設けることは、憲法上の要請である罪刑法定主義を骨抜きにする恐れがあるので、いかなる場合も許されない。
❺　上級行政機関が下級行政機関の権限行使について指揮監督するための命令である通達は、行政規則ではなく法規命令である。

解説

❶　誤り。現行憲法下では、国会が唯一の立法機関とされており、国会が制定した法律から独立して発せられる独立命令は、禁止されている。
❷　正しい。執行命令は、根拠法令の存在を前提とし、これを補充するものであるから、その根拠法令が廃止されたときは、法令に別段の定めがなければ、原則としてその効力を失うものと解される。
❸　誤り。法規命令とは、行政権の定立する法規たる定めをいう。独立行政委員会も行政機関であることから、その定立する法規たる定めが法規命令であることに変わりはない。
❹　誤り。憲法73条6号によれば、法律の規定を実施するための執行命令及び法律の委任に基づいて発せられる委任命令を制定でき、同号ただし書で、「特にその法律の委任がある場合」には、罰則を設けることができるとしている。
❺　誤り。通達は行政規則の一種である。

【正解　❷】

第3章 行政計画

行政行為以外の行為形式

行政計画とは、行政上の目的を遂行するため行政機関によって作成された行政目標ないしこれを達成するための手段を定めたものをいう。現代の行政では、国土の開発、福祉の拡充、経済の振興等について行政機関が積極的に行動することが要請されている。行政活動が計画的に行われるべきことは当然であり、法律や予算もそれを担保する機能を有してきたが、**行政の科学化**や行政学の**行政管理論の発達**により、**行政の計画化**が論じられるようになった。実際の制定法においても計画的な判断に基づく行政決定を要求する法律が多く存在する。例えば、都市計画法、土地改良法、国土形成計画法、首都圏整備法などがこれにあたる。

行政計画の多くは、具体的な法律上の根拠をもたず、その法的性格も一様ではない。都市計画上の地域指定や土地区画整理事業計画のように私人に対して**権利制限的効果**を有するものもあれば、単なる行政内部の**訓令的性格**を有するに過ぎないものもある。いずれにしても、計画は将来予測という要素を含み、様々な利害を総合的に衡量して策定するものであるから、計画策定権限を有する者には広い裁量が認められる。ただ、行政計画が行政機関の恣意的判断で策定されるようになると、国会による行政の民主的統制を損ない、国民に不利益を強要するおそれも生じてくる。そこで、行政計画が国民の意思を反映したものとなるよう、計画策定段階に国民を参加させることが重要になる。例えば、計画案を一定期間、一般の縦覧に供し、意見書提出の機会を与えたり（**意見公募手続**、**パブリック・コメント**）、一般利害関係人の意見を聴くために**公聴会**を開いたり、利害関係人の代表や専門家で組織される**審議会**に諮問したりする方法等がある。

取消訴訟との関係で、従来の判例は、行政計画が一般的な**青写真**にすぎず、計画段階での取消訴訟は**成熟性**を欠くとしてこれを認めていなかった（最大判昭和41年2月23日）。しかし、最高裁は、処分の取消判決が出された段階で権利救済が十分に果たされるとはいい難いとして、判例を変更し、土地区画整理法上の事業計画の決定に処分性を認めた（最大判平成20年9月10日）。また、**国家賠償**との関係で、判例は、行政計画の変更により損害を受けた者が、信頼を裏切るような違法な計画変更に対して損害賠償請求できるとしている（最判昭和56年1月27日）。

行政計画

■関連法条／都市計画法15条、土地改良法4条の2、都市再開発法51条1項、国土形成計画法2条など
●キーワード／行政の科学化　行政管理論　行政の計画化　公聴会　審議会　パブリック・コメント　青写真論

【問題】行政計画に関する次の記述のうち、正しいものはどれか。

❶　行政計画は、行政目的の実現計画であって、将来における構想であるから、純粋に行政庁の裁量に属する事項であり、立法によって計画策定の要件が決定されることはない。
❷　行政計画の策定には、国民の意見を反映させなければならず、計画案の縦覧、公聴会の開催を欠く行政計画はすべて無効である。
❸　行政計画は原則として取消訴訟の対象とならないが、計画の決定が特定個人の法的地位に直接的な影響を及ぼすような特殊な場合、抗告訴訟の対象となりうる。
❹　行政計画のうち、全国を対象とするものは、計画の整合性が求められるので、全て法律で定めなければならない。
❺　行政計画は、もっぱら行政内部を規律するものであり、行政規則の一種といえる。

解説
❶　誤り。例えば、都市計画における市街化区域などの区別のように、行政計画の中にも、その要件が法律によって決定されているものもある。
❷　誤り。行政計画は、国民に与える影響が大きいので、可能な限り、国民の意見を適切に反映していかなければならないが、特段の定めがない限り、行政庁を拘束する手続は存在しない。
❸　正しい。都市再開発法に基づき市町村がなした第二種市街地再開発事業についての事業計画の決定は、抗告訴訟の対象たる行政処分にあたる（最判平成4年11月26日）。
❹　誤り。必要性は確かにあるが、そのような定めはない。
❺　誤り。行政立法が一般的抽象的法規範を定めるのに対し、行政計画は行政の達成すべき目標・手段を定めるものである。

【正解】❸

第3章 行政調査

行政行為以外の行為形式

　行政調査とは、行政機関が行政処分などの個別の行政上の決定をするために必要な情報を得るためにする活動をいう。広義には、各種**統計調査**なども含まれる。ひとえに行政調査といっても、純粋の**任意調査**から、刑事罰等で間接的に担保される調査、抵抗を排除してなしうる**強制調査**まで多様である。法律上も、質問・検査（所得税法234条）、立入り（薬事法69条）、報告要求・収去（食品衛生法17条）など、表現は様々である。

　従来、家屋への**立入検査**など実力行使が認められるものは、むしろ**即時強制**として行政強制制度の中で論じられてきたが、最近では、行政調査制度一般として検討されることが多い。ただ、その理論構成も途上段階にあり、法的規律の解明も今後の課題とされる。

　行政調査は、調査の相手方となる**私人の権利・自由**と抵触する場合があるので、**行政目的達成**という法益との調整が必要である。現行憲法は、アメリカ合衆国憲法の影響を受け、**刑事手続の法定・適正**を31条以下の条文で規定しているが、一般論として、これらの規定が行政調査にも及ぶとするのが判例である（最大判昭和47年11月22日）。もっとも、所得税法上の**税務調査**における質問及び検査（現在、所得税法234条は削除され、質問及び検査は、国税通則法第74条の2で規定されている）は、①その目的がもっぱら行政上の目的でなされること、②間接強制にとどまっていること、③検査制度の必要性と強制の合理性があることなどを理由に、**令状主義**（憲法35条）などの適用がないとされた。また、質問及び検査の範囲・程度・時期・場所等の実施の細目については、一定の限度で税務職員の合理的な選択にゆだねられ、**事前の告知**などを要件とするものではないとされており（最決昭和48年7月10日）、いずれも学説からの批判が強い。

　いかなる調査をどの程度行うかは、従来、行政決定前の準備段階、内部行為として、基本的に行政機関の**裁量**に委ねられてきたが、最近では、各行為の性質に応じて、法的な調査義務が導き出されることもあり、例えば、有権者登録資格の調査義務違反を選挙の無効事由としている判例もある（最判昭和60年1月22日）。**個人情報保護**など、行政機関に収集・保管されている情報利用の法的統制のあり方は、一応、行政調査と別個の問題であるが、収集された情報がその後違法な目的で利用されないよう、調査段階で情報の性質に応じた秘匿性の保障がなされるべきとの意見もある。

行政調査

■関連法条／憲法31条・35条、行政手続法3条1項14号：国税通則法74条の2、薬事法69条、食品衛生法17条など
●キーワード／統計調査　強制調査　任意調査　即時強制　適正手続の保障　令状主義　税務調査　事前の告知　個人情報保護

【問題】行政調査に関する次の記述のうち、正しいものはどれか。

❶　すべて行政調査を行うには法律上の根拠を必要とするが、調査の要件又は手続などの細目は、一定の限度で行政裁量が認められる。
❷　行政調査に裁判官の令状主義が妥当するかは、もっぱら刑事責任追及を目的とするか否かによって区別される。
❸　明文の根拠規定なく、行政調査で収集した情報を収集目的以外で利用することは絶対的に禁止される。
❹　任意調査は、国民の権利又は自由の干渉にわたるおそれのある事項についても、相手方の任意の協力を求める形で行われ、相手方の自由を不当に制約しない方法で行われる限り、許容される。
❺　法律に規定された立入検査を正当な理由なく拒否された場合、行政庁は法律の根拠なく、その抵抗を実力で排除して検査を実施することができる。

解説

❶　誤り。行政調査が強制手段を用いるものであれば法律の根拠が必要であるが、任意調査であれば根拠は不要である。
❷　誤り。判例は、当該行政調査が刑事責任追及を目的とするものでないとの理由のみで、当然に令状主義を排除するものではないとしている（最大判昭和47年11月22日）。
❸　誤り。判例は、課税庁が国税犯則取締法に基づく調査により収集された資料を、同じ者に対する課税処分及び青色申告承認の取消処分を行うために利用することを認めている（最判昭和63年3月31日）。
❹　正しい。判例は、設問のような立場から、自動車の一斉検問について、適法なものとしている（最決昭和55年9月22日）。
❺　誤り。実力行使にも法律の根拠が必要である。

【正解】❹

第3章 行政指導

第3章 行政行為以外の行為形式

行政指導とは、行政庁が行政目的を達成するために、助言・指導といった**非権力的な手段**で特定の者に働きかけ、一定の作為・不作為を求める作用をいう。**行政手続法**においては、「行政機関がその任務又は所掌事務の範囲内において一定の行政目的を実現するため特定の者に一定の作為又は不作為を求める指導、勧告、助言その他の行為であって処分に該当しないもの」と定義されている（2条6号）。

行政指導は、相手方の同意・協力があってはじめて意味をもつもので、その性質は単なる**事実行為**である。法の不備を補い、行政目的の実現を弾力的に行える点で優れているが、行政機関の監督権限又は助成権限等を背景として行われるため、相手方に心理的圧力を与え、事実上大きな拘束力をもつものとして働いている。しかも、行政指導の多くは具体的な法律の根拠なしに行われており、必要以上の規制を私人が甘受しなければならず、不透明で救済が困難になるおそれがある。

伝統的には行政指導の性質・趣旨に鑑み、法律の根拠は不要であると考えられている。もっとも、法律の根拠が不要であるといっても、**組織法上の所掌事務**に関する定めは当然必要であり、また、指導内容が法の明文規定や平等原則、比例原則といった**法の一般原則**に抵触することは許されない。判例にも、行政指導に関する法律の根拠は不要としつつも、あくまでも任意措置であるから、行政指導に従わないことを理由に不利益な扱いをすることは違法と判断するものがある（最判昭和60年7月16日）。なお、平成26年の行政手続法改正により、許認可等の権限等を有する行政機関が行政指導を行使する旨を示すとき、相手方に対して、根拠となる法令等を示さなければならないとされた（35条2項）。違法な行政指導によって損害が生じた場合は、**国家賠償**の対象となりうるが、**事実行為**である行政指導には処分性がないので、**取消訴訟**の対象とならない。

行政手続法は、行政指導の**実体法面**での限界を規定するとともに（32～34条）、**手続法面**での統制を重視し、行政指導の相手方に対し指導の趣旨、内容、責任者等を明確に示すべきものとして、当該事項を記載した書面の交付を求められたときには、特別の支障がない限り応じる義務を定めている（35条）。なお、法律に適合しない行政指導を受けたと思料する者は、その指導の中止等を求めることができ（36条の2）、法律違反の事実を発見した者は、その是正のための行政指導等を求めることができる（36条の3）。

■関連法条／行政手続法2条6号・8号ニ・32〜36条
●キーワード／事実行為　処分性　取消訴訟　組織法上の所掌事務

【問題】行政指導に関する次の記述のうち、正しいものはどれか。

❶ 行政指導によって私人に実質的な不利益が生じている場合、行政指導の取消しを行政事件訴訟によって求めることができる。
❷ 法律に適合しない行政指導を受けたとしても、行政指導は法的根拠を要しないため、その中止を求めることはできない。
❸ 侵害留保説によれば、相手方に不利益を課す規制的行政指導には、法律の根拠が必要である。
❹ 行政指導に従った私人が、行政の方針転換により損害を被った場合、法的に損害が補てんされる余地がある。
❺ 税務相談において、税務職員が誤って少ない税額で済む旨を述べた場合、後に本来の税額で課税処分を行うことは、禁反言により一切許されない。

解説

❶ 誤り。行政行為と異なり行政指導はあくまで非権力的手段であり、また事実行為であるため、取消訴訟の対象とはならない。
❷ 誤り。平成26年の行政手続法の改正により、法律に適合しない行政指導を受けたと思料する者は、その指導の中止を求めることができることとされた（36条の2）。
❸ 誤り。規制的行政指導といえども、法律の根拠は不要であり、行政指導を必要とする事情があり、法の目的に抵触せず、社会通念上相当な方法で実施されれば、違法ではない（最判昭和59年2月24日）。侵害留保説とは無関係である。
❹ 正しい。行政指導に法的拘束力はないが、国家賠償法による賠償請求は可能である（最判昭和56年1月27日参照）。
❺ 誤り。租税法律主義の原則が貫かれるべき租税法関係においては、禁反言の原則は極めて限られた場面にしか適用されない（最判昭和62年10月30日）。

【正解】 ❹

第3章 行政契約

行政行為以外の行為形式

　行政契約とは、一般に行政主体と私人の間の契約をいうが、広く行政主体相互間の契約を含むこともある。一方的・権力的に行われる行政行為と異なり、当事者間の合意に基づいて行われるが、個別具体的な権利義務関係に法的効果を生じさせる点で共通する要素がある。

　行政契約は、①公共施設や公共交通機関の利用、補助金等の交付といった行政サービスの提供に関わるもの、②物品の購入、公共工事の請負契約など行政手段の調達の手段に関わるもの、③国有財産の売却や貸付など、財産管理に関わるもの、④行政目的を達成するための私人の活動規制に関わるもの、など様々な領域で見受けられる。

　伝統的な**公法私法二元論**の立場によれば、行政主体と私人間の契約は**私法上の契約**、行政主体相互間の契約が**公法上の契約**とされた。公法上の契約は、私法上の契約と比較した特殊性があると考えられ、そうした区別を背景に、行政事件訴訟法上の**公法上の当事者訴訟**という訴訟類型が残されているといわれる。行政主体間の契約としては、地方公共団体相互間の事務委託（地方自治法252条の14）のほか、公務員の任命をあげる説もある。

　もっとも、最近では、私法上の契約といえども、民商法をそのまま適用してよいかということや、行政主体が当事者となることに伴う特殊性を考慮しなければならないということなどを指摘し、行政が一方当事者となる契約を広く「行政契約」と呼び、公法・私法の区別を離れて、個別具体的な法律関係の特色を明らかにしていこうとする立場が有力である。なお、法の一般原則などに抵触するような行政契約は許されない。

　行政上の契約に関しては、近時、規制行政目的を達成するために、契約的手法を用いる例が多くなっていることが注目される。例えば、地方自治体が、公害を発生するおそれのある事業活動を営む事業者と公害防止に関する措置について折衝し、事業者に各種の公害防止措置を講じさせる協定として、**公害防止協定**がある。その法的性質については、学説上争いがあるが、判例には、法令に抵触しない限りにおいて、公害防止協定が法的拘束力を有することを前提に、その不履行について司法的救済の余地を認めるものがある（最判平成21年7月10日）。

行政契約

■関連法条／地方自治法252条の14、行政事件訴訟法4条・39〜41条
●キーワード／公法上の契約　私法上の契約　公法私法二元論　公法上の当事者訴訟　公害防止協定

【問題】行政契約に関する次の記述のうち、正しいものはどれか。

❶　公法上の契約に関する訴訟は、私法上の契約に関する訴訟と同様、民事訴訟法の定める手続による。
❷　行政契約も契約である以上、両当事者は対等の立場で契約内容を決定できるので、行政主体が相手方に一方的に強制することは許されない。
❸　行政主体が当事者となる行政契約は全て公法上の契約であり、これに私法が適用される余地はない。
❹　給付行政については、国民の権利や自由を侵害する規制行政と異なり、原則として契約方式を採用することになっている。
❺　行政主体が行政契約を締結する場合、行政処分を行う場合とは異なり、必ずしも平等原則や比例原則に従わなければならない訳ではない。

解説

❶　誤り。公法上の契約に関する訴訟は民事訴訟ではなく、公法上の当事者訴訟の手続による（行政事件訴訟法4条・39〜41条）。
❷　正しい。行政行為との決定的な違いである。
❸　誤り。行政主体が当事者だからといって全てが公法上の契約になる訳ではない。ちなみに、公法上の契約というのはドイツ法起源の概念であり、行政契約というのはフランス法起源の概念である。前者は契約の効果が公法関係において生じるのか私法関係において生じるのかを問題にし、後者は契約の一方当事者が行政かどうかを問題にする。
❹　誤り。例えば、生活保護法上の保護の決定（17条）は、契約ではなく、処分であるとされる。国民の権利や自由を侵害しないからといって、必ずしも契約の形式を採用する訳ではない。
❺　誤り。平等原則（憲法14条）や比例原則（13条）は、行政活動全領域において遵守すべき一般原則であり、行政契約にも妥当する。

【正解】　❷

第3章 授益的行政

授益的行政とは、**侵害的行政**に対する言葉であって、国民に対して財貨やサービス等を供与することにより、国民の幸福追求（**憲法13条**）や生存（**25条**）に配慮するような公行政の総称を指す。**給付行政**とも呼ばれる。

そもそも伝統的行政法学は、**古典的法治国家観**に立脚し、侵害的行政から市民の権利・自由を保護することに主眼を置いて理論が構築されてきた。しかし、**福祉国家**の進展にともない、従来の行政手法だけでは、多種多様な行政需要に対応しきれないことから、様々な**非権力的行政手法**が登場し、発展してきている。そうした中において、従来、授益的行政と侵害的行政の二元論や授益的行政の一般法原理構築を試みる学説があったが、現在ではほとんど見られない。授益的行政は、本来的な給付措置が国民に対する侵害になる場合があったり（利用の強制など）、ある者への給付が他者に対する侵害になる場合があったり（補助金給付など）と、侵害的行政との区別を明確にすることが難しいからである。とはいえ、授益的行政の概念は、伝統的行政法学の限界を指摘し、**法治国家・民主主義国家**として適切に行政を統制するための問題発見的意義を有するものとして用いられている。

一般に、授益的行政は、私人もこれを行うことができるため、その法関係は当事者相互が対等な**契約関係**であり、本来私法が適用されうる分野であるが、**公行政**に由来する一定程度の変容を受けると考えられる。また、授益的行政は、状況に応じた機動的かつ柔軟な対応を必要とする場合が多く、その分、広い**行政裁量**が認められやすいが、無制約のものではなく、具体的には、**平等原則**や**比例原則**、**行政法上の信頼保護**等に抵触することは許されないと解される。水道法15条1項により、行政庁が「正当の理由」がないのに、申込みに対する承諾を拒否することは許されないが、判例は、地方公共団体が要綱に基づいて、違法建築物の是正のために行政指導とともに行う給水工事の拒否は、それが最終的な拒否の意思表示に至らなければ許容されると判示し、義務履行確保手段として給付行政を用いる場合の限界を示している（最判昭和56年7月16日）。なお、授益的行政も、法律により**権力関係**として規定されている場合もあり（生活保護法19条の保護の決定など）、常に契約関係とは限らない。ちなみに、**補助金行政**については、「補助金等に係る予算の執行の適正化に関する法律」がある。

■関連法条／憲法13条・25条：水道法15条1項、生活保護法19条など
●キーワード／給付行政　古典的法治国家　侵害的行政　福祉国家　非権力的行政手法　平等原則　比例原則　信頼保護　補助金行政

【問題】授益的行政に関する次の記述のうち、正しいものはどれか。

❶ 授益的行政における法律関係は、契約によって設定される場合が多いが、行政行為の形式をとる場合もある。
❷ 建築指導要綱に基づく行政指導に従わせるため、水道の供給を拒否することは、一般的に認められている。
❸ 授益的行政は、侵害的行政との区別が相対的であるので、すべて法律の根拠が必要となる。
❹ 授益的行政には、行政庁に広範な裁量権が認められるから、侵害的行政に妥当する比例原則は適用される余地がない。
❺ 授益的行政には、行政事件訴訟の訴訟要件となる処分性が認められる余地がない。

解説

❶ 正しい。生活保護法19条の「保護の決定」などがそうである。
❷ 誤り。行政指導に従わないことは、水道法上の給水拒否の「正当の理由」にあたらない。相手方が明確に指導に従わない意思を表明しているのに、給水拒否する場合は違法となる（最決平成元年11月8日）。
❸ 誤り。伝統的な通説である侵害留保説の立場からすると、授益的な行政活動については法律の根拠は不要とされている。
❹ 誤り。比例原則から、給付目的と手段が比例しなければならないことが要請され、過剰給付は禁止される。この原則は、会計検査院による検査基準にもなっている（会計検査院法20条3項）。
❺ 誤り。行政上の不服申立てを法律が認めている場合に、処分性を認める場合がある（最判昭和45年7月15日）。また、補助金適正化法の趣旨、全体の構成から交付決定の処分性を認めるものなどがある（東京高判昭和55年7月28日）。

【正解】❶

判例チェック

(法律による委任の範囲について)
・医薬品ネット販売の権利確認等請求事件：最判平成25年1月11日民集第67巻1号1頁
(規則による再委任の適法性について)
・酒税法違反事件：最大判昭和33年7月9日刑集第12巻11号2407頁
(行政規則の違法性の訴えについて)
・法律解釈指定通達取消請求事件：最判昭和43年12月24日民集第22巻13号3147頁
(行政計画策定行為の処分性などについて)
・区画整理事業設計等無効確認請求事件：最大判昭和41年2月23日民集第20巻2号271頁
・大阪都市計画事業等事業計画決定取消事件：最判平成4年11月26日民集第46巻8号2658頁
・行政処分取消請求事件：最大判平成20年9月10日民集第62巻8号2029頁
(信頼を裏切るような違法な行政計画の変更に対する損害賠償について)
・損害賠償事件：最判昭和56年1月27日民集第35巻1号35頁
(税務調査における適正手続について)
・川崎民商事件：最大判昭和47年11月22日刑集第26巻9号586頁
・所得税法違反：最決昭和48年7月10日刑集第27巻7号1205頁
(有権者登録資格の調査義務違反による選挙の無効について)
・選挙の効力及び当選の効力に関する審査裁決取消事件：最判昭和60年1月22日民集第39巻1号44頁
(行政調査で収集した情報の収集目的以外での利用について)
・法人税更正処分取消等請求事件：最判昭和63年3月31日集民第153号643頁
(自動車の一斉検問の適法性について)
・道路交通法違反事件：最決昭和55年9月22日刑集第34巻5号272頁
(行政指導に従わないことを理由とする不利益な取り扱いについて)
・損害賠償事件：最判昭和60年7月16日民集第39巻5号989頁
(法律の根拠のない規制的行政指導の適法性について)
・独占禁止法違反事件：最判昭和59年2月24日刑集第38巻4号1287頁
(税務相談における禁反言の原則について)
・相続税更正処分等取消等事件：最判昭和62年10月30日集民第152号93頁
(公害防止協定の法的性質について)
・産業廃棄物最終処分場使用差止請求事件：最判平成21年7月10日集民第231号273頁
(義務履行確保手段としての給付行政の限界について)
・損害賠償事件：最判昭和56年7月16日民集第35巻5号930頁
(行政指導に従わせるための水道供給の拒否について)
・武蔵野市長給水拒否事件：最決平成元年11月8日集刑第253号399頁
(受益の行政の処分性について)
・供託金取戻請求の却下処分取消請求事件：最判昭和45年7月15日民集第24巻7号771頁

新要点演習
行政法

第4章
現代的行政法制

- （概観）
- 行政手続法
- 情報公開制度
- 公文書管理法
- 個人情報保護法制
- 私人の行政参画

- 判例チェック

第4章 現代的行政法制

（概観）

1 現代的行政法制の意義

本章では、行政の総合的・効率的な運営や国民に対する説明責任、個人の手続的権利など、現代の行政に求められる課題に対応する法制について概観する。行政行為や実体的権利を重視する従来の法とともに、これらの法制も、国民の権利保護に不可欠なものと認識されるようになっている。

2 行政手続法

行政手続法は、行政手続に関する一般法で、平成5年に制定、平成6年10月に施行された。平成17年の法改正では、処分、行政指導及び届出に関する規定に加え、命令等の策定に関する「意見公募手続等」が盛り込まれ、平成18年4月に施行された。

取消訴訟や国家賠償請求訴訟のような事後的な救済には、自ずと限界があり、事前に違法又は不当な行政活動による不利益を受けないよう、適正な手続を保障することも、国民の権利保護に欠かせないのである。

なお、平成26年6月の改正により、行政指導の中止を求める手続や権限を有する行政機関に対し、処分又は行政指導を行うよう求める手続として、「行政指導の中止等の求め」と「処分等の求め」が盛り込まれ、平成27年4月1日に施行された。

3 行政情報公開法・公文書管理法

行政情報公開法は、行政機関の保有する情報の開示請求手続を定める法律で、平成11年に制定、平成13年4月に施行された。

情報公開制度は、主権者国民が正常な民主主義体制を運営する上で、必要な情報を知るために不可欠である。また、この制度を通じて、行政に説明責任（アカウンタビリティ）を果たさせることも重要な意味をもつ。

もちろん、情報の開示によって、個人の利益を害したり、公正な行政運営などの公共の利益を侵害する場合も起こりうるので、行政情報公開法は、不開示情報として、①個人に関する情報、②法人等に関する情報、③国の安全等に関する情報、④公共の安全等に関する情報、⑤審議・検討等に関する情報、⑥行政機関の事務・事業に関する情報を定めている。

平成23年には、国民の知る権利を明記するとともに、開示情報の拡大など情報公開制度の拡充を定めた改正案（177回国会閣法60号）が提出され

たが、平成24年の衆議院解散に伴い審議未了・廃案となった。

なお、国及び独立行政法人の行政文書の作成・管理を規定する公文書管理法が平成21年に制定され、平成23年4月に全面施行された。

4　個人情報保護法制

我が国では、昭和55年9月のプライバシー保護と個人データの国際流通についてのガイドラインに関するＯＥＣＤ理事会勧告を契機に、個人情報保護制度のあり方について調査研究が行われ、「行政機関の保有する電子計算機処理に係る個人情報の保護に関する法律」が昭和63年に制定、平成元年10月より施行された。

その後、平成11年の住民基本台帳法の一部改正法の附則において、「政府は、個人情報の保護に万全を期するため、速やかに、所要の措置を講ずるものとする。」との一文が盛り込まれ、政府は、個人情報保護のあり方について総合的に検討した上で、法整備を含めたシステムを速やかに整える作業を開始した。そして、政府は、平成13年の常会に「個人情報の保護に関する法律案」を提出したが、報道関係者等から「メディア規制法案」と呼ばれ、政府の言論統制につながる等の批判を受けた。平成14年12月、当時の与党三党は、政府原案に対する修正方針を取りまとめ、政府に提示し、法案の次期通常国会への再提出を求めることとし、法案を一旦廃案にした。政府が平成15年の常会に提出した個人情報保護関連法案は、同年5月に成立、個人情報保護法の基本法部分（1～3章）が先行的に施行された。そして、個人情報保護関連法は、平成17年4月に全面施行された。

なお、平成25年に「行政手続における特定の個人を識別するための番号の利用等に関する法律」が成立し、社会保障・税番号制度（マイナンバー制度）が導入された。平成28年1月から、順次利用が開始されている。同制度は、社会保障と税制度の効率性、透明性を高め、国民にとって利便性があり、公平で公正な社会を実現するための社会基盤とされている。また個人情報の保護に十分に配慮しつつ、社会保障制度、税制、そして災害対策に関する分野において利用されることとなっている（同法3条）。

第4章 行政手続法

現代的行政法制

　行政手続法は、行政運営における公正の確保と透明性の向上を図り、もって国民の権利利益の保護に資するために、行政手続に関する共通事項を定める一般法である。従来、大陸法の影響を強く受ける我が国の行政法学においては、行政行為への決定過程に対する配慮に欠けていた。だが、戦後、日本国憲法の**適正手続の保障（31条）**など英米法の思想が理解されるにつれ、行政手続の重要性が認識されるようになった。とりわけ国民に不利益な行政行為をする場合には、あらかじめその旨を告知し弁明の機会を与える「**告知と聴聞**（notice and hearing）」手続が重要であるとされた。

　ただ、行政作用は多種多様であるから、行政手続を一般的規定によって規律することにはなじまないとされ、長い間、行政手続の整備はもっぱら個別法に委ねられてきた。しかし、個別法における扱いには不備不統一が目立つなどの欠点も指摘され、統一的な行政手続法の制定が望まれていた。そして、近年、久しく実体法重視であった大陸法系のドイツやフランスにおいても、行政手続法の**法典化傾向**があり、我が国においても平成5年に**行政手続法**が制定されるに至った。

　同法は、**処分、行政指導、届出及び命令等を定める手続**に関し、共通する事項を定めている。**申請に対する処分**について、審査基準（5条）（審査基準の意義については、最判昭和46年10月28日民集25巻7号1037頁を参照）、標準処理期間（6条）、理由の提示（8条）、公聴会の開催（10条）等を定め、**不利益処分**について、許認可等を取り消す不利益処分などの国民の権利に重大な影響を及ぼすものについては**聴聞手続**を、その他については**弁明の機会の付与**を定める（13条）とともに、処分基準（12条）、理由の提示（14条）などについても規定する。また、**行政指導**の一般原則・方式（32条以下）を明文化し、**届出**に関する到達主義についても定めている（37条）。なお、平成26年の改正により、行政指導を受けた者が、その指導が法律に違反すると思料した場合に、その中止などを求めることができる「行政指導の中止等の求め」（36条の2）、国民が法律違反の事実を発見した際に、その是正のための処分や行政指導を求めることができる「処分等の求め」（36条の3）が導入された。地方公共団体における条例・規則を根拠とする処分・届出及び行政指導並びに命令等を定める行為には、同法の規定（2章～5章）が適用されないが（3条3項）、法の趣旨にのっとり、必要な措置を講ずる努力義務は課せられている（46条）。

行政手続法

■関連法条／憲法31条、行政手続法
●キーワード／適正手続　告知と聴聞　処分　申請に対する処分　不利益処分　聴聞手続　弁明の機会の付与　行政指導　届出　ノーアクションレター　意見公募手続等

【問題】行政手続法に関する次の記述のうち、正しいものはどれか。

❶　法律に違反する事実を発見した者は、権限等を有する行政機関に対して、その是正のための処分や行政指導を求めることができる。
❷　申請に対する処分をする際は、弁明の機会の付与を、不利益処分の際は、聴聞手続をそれぞれ行わなければならない。
❸　聴聞手続を経てされる不利益処分を決定するとき、行政庁は、報告書に記載された聴聞主宰者の意見に従わなければならない。
❹　行政庁は、申請に対する処分に関する審査基準及び標準処理期間を必ず定め、これを公にしておかなければならない。
❺　聴聞手続は、行政庁が口頭ですることを認めたときを除き、意見を記載した書面を提出して行うものとされている。

解説

❶　正しい。行政手続法36条の3を参照。
❷　誤り。不利益処分の内容の重さに応じて、弁明の機会の付与か聴聞手続かを行うことになる（13条）。
❸　誤り。行政庁は、聴聞主宰者の意見を十分に参酌して決定しなければならないと規定されているにとどまり（26条）、これに拘束される訳ではない。
❹　誤り。標準処理期間については、定める努力義務が課せられるにとどまるとともに、これを定めたときは、公にしなければならないものとされている（6条）。
❺　誤り。聴聞手続は、期日に当事者が出頭して、行政庁から不利益処分の根拠等の説明を受け、意見を述べる等によって審理を行う手続である（20条）。これに対して、弁明の機会の付与は、弁明書の提出をもって行われる（29条）。

【正解】❶

第4章 情報公開制度

現代的行政法制

　情報公開制度は、主権者国民の**知る権利**を実現し、正常な**民主主義体制**を運営するために不可欠な制度である。ただ、知る権利は、**表現の自由**に根拠を有するが、**情報開示請求権**という積極的権利の側面は、**抽象的権利**にとどまるため、具体的な立法が必要であった。我が国においては、昭和50年代に、地方公共団体レベルで**情報公開条例**が制定されるようになったが、国レベルでは法制整備が遅れていた。一方、ヨーロッパ諸国やアメリカ、カナダ等、各国では、すでに法律の整備が進められていた。

　そうした中、国レベルの**行政情報公開法**が、平成13年4月に施行された。同法は、知る権利を明記していないが、国民主権の理念にのっとり、情報開示請求権を定め、「国民に説明する責務の全う」と「公正で民主的な行政の推進」を目的として定める（1条）。そして、何人も、行政機関の長に対し、当該行政機関の保有する行政文書の開示を請求できると規定し（3条）、開示請求の手続を定める（4条）。開示請求に対しては、原則開示が基本となるが、個人情報、法人に関する情報、公にすることで国の安全や公共の秩序等が害される情報については、不開示とすることができるもの（**不開示情報**）とした（5条）。ただ、不開示情報が記録されている部分を容易に区分して除くことができる場合には、当該部分を除いた部分につき開示しなければならない（6条）。また、不開示情報が記録されている場合であっても、行政機関の長が、公益上特に必要があると認めるときは、当該行政文書を開示できる（7条）。なお、開示請求にかかる行政文書の存否を答えるだけで、不開示情報を開示することになるときは、存否を明らかにしないで開示請求を拒否することができる（8条）。行政機関の長は、開示又は不開示の決定について、開示請求者に対し、書面で通知しなければならず（9条）、当該決定は、原則として、開示請求のあった日から30日以内にしなければならない（10条）。開示請求者は、開示決定又は開示請求に係る不作為等に不服がある場合、**行政不服審査法**による審査請求をすることができるが、その際、裁決又は決定をすべき行政機関の長は、原則として、内閣府に置かれる**情報公開・個人情報保護審査会**（会計検査院の場合は別置の審査会）に諮問しなければならない（19条）。なお、独立行政法人等については、**独立行政法人等情報公開法**が制定されている。

情報公開制度

■関連法条／行政情報公開法（行政機関の保有する情報の公開に関する法律）、独立行政法人等情報公開法、情報公開・個人情報保護審査会設置法、公文書等の管理に関する法律

●キーワード／知る権利　民主主義　抽象的権利　国民主権情報開示請求権　不開示情報　情報公開・個人情報保護審査会

【問題】行政情報公開法に関する次の記述のうち、正しいものはどれか。

❶　行政情報公開法の目的規定には、「国民の知る権利に資するため」、情報開示請求権を規定すると明記されている。
❷　情報開示請求権は、憲法上の国民主権原理に立脚するものであるから、外国人に対してこれを認めることはできない。
❸　個人情報は不開示情報に該当するが、個人情報であっても法令の規定により、又は慣行として公にされている情報については、除外される。
❹　開示請求者は、行政庁の開示決定等に不服がある場合、情報公開・個人情報保護審査会に対し、審査請求をすることができる。
❺　行政情報公開法は、もっぱら情報開示請求に関する手続を定めたものであるから、政府が積極的に情報の提供に関する施策を充実することまで求めるものではない。

解説

❶　誤り。行政情報公開法1条には、「国民主権の理念」の語はあるが、知る権利は明記されていない。
❷　誤り。「何人も」開示請求ができると規定されている（3条）。
❸　正しい。5条1号イ。なお、公務員の氏名を非開示の対象とすべきかという点については、最判平成15年11月11日民集57巻10号1387頁を参照。
❹　誤り。開示請求者は、情報公開・個人情報保護審査会にではなく、行政庁に対して審査請求ができる。申立てを受けて、裁決又は決定をすべき行政機関の長は、情報公開・個人情報保護審査会に諮問をしなければならない（19条）。
❺　誤り。25条は、情報公開の総合的な推進のため、行政機関の保有する情報が適時かつ適切な方法で国民に明らかにされるよう、情報提供に関する努力義務を課している。

【正解】　❸

第4章　公文書管理法

現代的行政法制

　公文書管理法（公文書等の管理に関する法律）は、国などにおける**現用文書**（業務で使われている文書）・**非現用文書**双方の公文書管理の一般法である。公文書等を「健全な民主主義の根幹を支える国民共有の知的資源」と位置づけ、これを「主権者である国民が主体的に利用し得るものである」として、公文書等の適正な管理・保存及び利用を図ることなどにより、「国民に説明する責務が全うされるようにすることを目的」としている（1条）。

　公文書管理と情報公開は、車の両輪に例えられる。適切な文書管理がなければ情報公開の意義が損なわれるからである。もっとも国立公文書館での非現用文書の管理等に関しては、**公文書館法**と**国立公文書館法**により定められていたが、長年、わが国の文書管理は、各省庁の判断に任されており、統一的な管理方法を欠いていた。しかも、そこでの文書管理は内部決裁を前提としたものであり、情報公開を念頭に置いたものではなかった。そうしたなかで、**行政情報公開法**が制定され、情報公開に対応した統一的文書管理の必要性が認識されるようになり、また、いわゆる「消えた年金」問題など政府のずさんな記録管理の実態が明らかになる中で、本法の制定に至った。このように、公文書管理法は、情報公開制度や国民への説明責任と不可分の関係にある。

　本法が対象とする「公文書等」には、国、独立行政法人及び公文書管理法が定める法人（別表第一）が管理する「**行政文書**」（2条4項）、「**法人文書**」（5項）及び「**特定歴史公文書**等」（7項）が含まれる。地方公共団体はここには含まれないが、法律の趣旨にのっとった施策の実施に努めなければならない（34条）。

　本法は、主に、①行政文書の作成基準など統一的な管理ルールを規定し（4・5・7条など）、②作成から保存・移管までの**レコードスケジュール**を導入し（5・8条）、③実施状況の報告などコンプライアンスを確保し（9・31条）、④公文書管理委員会や**国立公文書館**など専門機関の活用を図り（9・28条など）、⑤歴史公文書の利用を促進すること（16・11・23条）を定めている。主任の大臣である内閣総理大臣は、行政機関の長に必要な勧告をすることができる（31条）。内閣府には専門家で組織する**公文書管理委員会**が置かれ、**特定歴史公文書**等の利用請求に係る審査請求（21条4項）、関係する政令の制定又は改廃（29条1号）、特定歴史公文書等の廃棄（2号）などの諮問に対する答申を行うこととなっている。

公文書管理法

■関連法条／公文書管理法、行政情報公開法旧37条、公文書館法、国立公文書館法
●キーワード／現用文書　レコードスケジュール　行政文書ファイル　行政文書ファイル管理簿　中間書庫　公文書管理委員会

【問題】公文書管理法に関する次の記述のうち、正しいものはどれか。

❶ 行政機関の職員は、4条に掲げる事項に該当する場合を除き、文書作成義務を負わない。
❷ 行政機関の長は、整理・保存している文書について、保存期間満了時に、国立公文書館への移管、又は廃棄を決定しなければならない。
❸ 行政機関の長が保存期間が満了した文書を廃棄しようとするときは、あらかじめ、内閣総理大臣に協議し、その同意を得なければならない。
❹ 国立公文書館で保存されている歴史公文書について、利用の請求があったときは、例外なく利用させなければならない。
❺ 行政機関の長は、整理・保存している文書について、他の機関に保存を委託してはならない。

解説

❶ 誤り。「処理に係る事案が軽微なものである場合を除き」文書を作成しなければならない（4条）。行政機関の長は、行政文書を集合物（行政文書ファイル）としてまとめ（5条2項）、帳簿（行政文書ファイル管理簿）に記載する（7条1項）。この管理簿は公表される（7条2項）。
❷ 誤り。保存期間の満了前のできる限り早い時期に、移管又は廃棄の措置を定めておかなければならない（5条5項）。
❸ 正しい。8条2項。
❹ 誤り。16条1項各号に該当する場合は、利用させないことができる。
❺ 誤り。移管の措置をとることが前提となっている文書については、国立公文書館に保存を委託することができる（国立公文書館法11条1項2号）。また、業務に支障のない範囲で措置の定まらない文書の保存も可能である（3項2号）。これを中間書庫による保存といい、これにより現用段階から文書の散逸を防ぎ、適切な保存が可能となる。【正解　❸】

第4章 個人情報保護法制

現代的行政法制

　個人情報保護関連法は、**高度情報通信社会**の進展に伴う、プライバシー侵害や誤情報の流通など、**個人情報**の誤った取扱いにより、個人に甚大な被害を及ぼす事態に対処するため、平成15年に制定された。

　その中心となる**個人情報保護法**は、個人情報の有用性に配慮しつつ、個人の権利利益を保護することを目的としており（1条）、官民を通じた**基本法を定める部分**（1章～3章）と民間の**個人情報取扱事業者**（以下、「事業者」）を対象に個人情報の取扱いの義務等を定める部分（4章～6章）から構成される。同法では、個人情報を、生存する個人に関する**識別可能情報**とし（2条）、個人の人格尊重の理念に従い、その適正な取扱いが図られなければならないとする（3条）。国及び地方公共団体は、必要な施策を策定し、実施する責務を負う（4条以下）。政府は、特に厳格取扱いが必要な個人情報についての法制上の措置を講じ（6条）、施策の総合的一体的推進を図るための基本方針を定めることとされている（7条）。

　民間部門については、「**個人情報データベース等**」を事業の用に供している者を事業者と定め、利用目的による制限（16条）や適正な取得（17条）、本人からの開示請求（25条）その他の義務等を規定する（4章以下）。データベースには、紙の情報であっても、一定の方式によって整理し、容易に検索できる状態に置いてあるものも含まれる（2条2項2号）。ただし、個人情報の量が5千件に満たない場合や電話帳・市販のカーナビなどを編集・加工せずに利用する場合は、事業者から除外される（同3項5号、施行令2条）。主務大臣は、事業者に対し、報告の徴収等（32～35条）ができるが、憲法が保障する**精神的自由権**を不当に侵害しないよう（35条）、**適用除外規定**（50条）がおかれている。

　行政機関や**独立行政法人**の保有する個人情報の取扱いについては、それぞれ個別の法律が制定され、個人情報の適正な取扱い、個人情報ファイル簿の作成・公表、個人情報の開示・訂正・利用停止請求権、罰則等が規定されている。行政機関及び独立行政法人等の保有する個人情報の開示決定等に対する**審査請求**については、**行政不服審査法**の規定によるが、裁決又は決定をすべき行政機関の長は、**情報公開・個人情報保護審査会**（会計検査院の場合は別置の審査会）に諮問しなければならない（行政機関の保有する個人情報の保護に関する法律19条）。

個人情報保護法制

■関連法条／個人情報の保護に関する法律（個人情報保護法）、行政機関の保有する個人情報の保護に関する法律、独立行政法人等の保有する個人情報の保護に関する法律、情報公開・個人情報保護審査会設置法、行政手続における特定の個人を識別するための番号の利用等に関する法律（マイナンバー法）
●キーワード／高度情報通信社会　プライバシー　識別可能情報　個人情報取扱事業者　精神的自由権　適用除外規定

【問題】個人情報保護法に関する次の記述のうち、正しいものはどれか。

❶　行政機関や独立行政法人も、個人情報取扱事業者として、法に規定される義務を履行しなければならない。
❷　個人情報保護法は、もっぱら民間事業者の保有する個人情報に対する取扱いルールを定めたものである。
❸　報道機関が報道の用に供する目的で個人情報を取り扱う場合、個人情報取扱事業者としての義務は適用されない。
❹　地方公共団体や地方独立行政法人も、個人情報取扱事業者として、法に規定される義務を履行しなければならない。
❺　地方公共団体の個人情報の保護のための措置については、地方公共団体の自治の尊重から、各地方公共団体に委ねられるべきであり、国が基本方針を定めることは一切許されない。

解説
❶　誤り。個人情報取扱事業者には、国の機関、地方公共団体、独立行政法人等は含まれない（2条3項）。
❷　誤り。1章から3章までは、官民共通のルールを定めた基本法部分となっている。
❸　正しい。表現の自由、学問の自由、信教の自由及び政治活動の自由を尊重する趣旨から、適用除外が設けられている（35条・50条）。
❹　誤り。2条3項。
❺　誤り。政府が総合的な施策の推進のために策定する基本方針には、地方公共団体の措置に関する基本的な事項も含まれる（7条）。【正解　❸】

第4章 私人の行政参画

現代的行政法制

　従来、行政の意思形成はもっぱら行政庁の**一方的判断**により、意思形成過程に私人が参画することは認められなかった。しかし、**国民主権国家**として、国民の主体性を無視することは好ましくなく、可能な限り、事前に**多様な民意**を反映したかたちでの行政意思形成がはかられることが望ましい。また、**司法審査**による**事後的な救済**には限界があることからも、とくに利害関係者による行政意思形成過程への参画を認めることが求められる。行政手続法のような個別具体的な行政行為等のみならず、近時、一般的抽象的な法規範の策定・政策立案においても、**パブリック・コメント**や**公聴会**、**審議会委員の公募**など、私人の行政参画の機会が増えている。**間接民主制**を基本とするわが国の統治構造において、これを補完するものとして機能することが期待されている。これらは、法令の根拠なしに行われることが多いが、パブリック・コメントについては、法制化されてきている。

　パブリック・コメントは、行政立法やその他一般的な政策又は制度に関する行政機関の意思決定において、最終決定前に案を示して公衆から意見等を募り、これを考慮して最終決定を行う手続である。公式な根拠としては、「**規制の設定又は改廃に係る意見提出手続**」（平成11年3月23日閣議決定）があったが、この手続の対象とされていない各種決定に関してもパブリック・コメントを採用する例が多くなってきている。こうした状況を踏まえ、平成17年には、行政手続法が改正され、政令・府省令、審査基準、処分基準、行政指導指針等（以下、「命令等」）を定める際に、広く一般の意見や情報を求める手続が新設され、行政運営の更なる公正の確保と透明性の向上が図られることとなった。命令等を定める機関は、命令等を定めるに当たっては、根拠となる法令の趣旨に適合するものとなるようにしなければならず、また、制定後においても内容の適正確保に努めなければならない（38条）。命令等を定める場合には、**意見公募手続**として、①命令等の案や関連資料を事前に公示すること（39条1項）、②30日以上の意見提出期間を置き、広く一般の意見や情報の公募を行うこと（同条3項）、③意見や情報を考慮すること（42条）、④意見や情報の内容、これらの考慮の結果などを公示すること（43条）などが義務付けられている。公示の方法として、情報技術を活用する旨の規定も置かれている（45条）。

■関連法条／行政手続法38〜45条
●キーワード／国民主権　間接民主制　パブリック・コメント　公聴会　審議会　「規制の設定又は改廃に係る意見提出手続」　意見公募手続

【問題】行政手続法上の命令等を定める手続に関する次の記述のうち、正しいものはどれか。

❶　命令等には、政省令のほか、重要政策の計画、審査基準、処分基準、行政指導指針が含まれる。
❷　政令は、命令等に含まれるので、法律の施行期日に関する政令や恩赦に関する政令も行政手続法6章の対象となる。
❸　意見公募手続とは、ある具体的行為が特定の法令の適用対象となるかを事前に行政庁に照会できる制度である。
❹　意見公募手続においては、行政機関の策定した命令等の案本体を公示すれば足り、関係資料等は、国民からの請求に応じて開示すればよい。
❺　意見公募手続で提出された意見を考慮して、行政庁は最終意思決定を行うが、必ずしも意見に従わなければならないものではない。

解説
❶　誤り。命令等に計画は含まれない。ここでいう命令等とは、法律に基づく命令（処分の要件を定める告示を含む。）・規則、審査基準、処分基準、行政指導指針であって、内閣又は行政機関が定めるものをいう（2条1項7号）。
❷　誤り。3条2項1・2号により、第6章の適用対象外とされている。
❸　誤り。これは法令適用事前確認手続（ノーアクションレター）についての説明である。
❹　誤り。一般の理解に資するため、関連する資料も予め公示しなければならない（39条1項）。
❺　正しい。意見を考慮し、それに対する考え方を示す必要はあるが（42・43条）、その意見に拘束されることはない。

【正解】　❺

(行政手続における審査基準の意義について)
・行政処分取消請求事件:最判昭和46年10月28日民集25巻7号1037頁
(公務員個人情報の非開示情報性の否定について)
・公文書非公開決定処分取消請求事件:最判平成15年11月11日民集57巻10号1387頁

新要点演習
行政法

第5章

行政上の義務履行確保

- （概観）
- 行政上の強制執行
- 代執行
- 即時強制
- 行政罰

- 判例チェック

（概観）

1 行政強制

　行政上の強制執行や即時強制など、行政目的を強制力をもって実現する作用を、行政強制と呼ぶ。私法関係においては、自力救済が禁止されており、法律上の権利・利益を有する者でも、それを実現するために、自分で実力行使をすることは許されず、裁判所で勝訴判決を得た後、執行官による強制執行を経なければならない。しかし、行政上の義務を履行させるために、民事上の強制執行手続を待っていては、円滑な行政運営を損ない、公益を害することになるため、行政庁には、自ら強制執行をする権限が認められており、これを行政行為の執行力と呼ぶ。ただ、行政強制にあたっては、国民に義務等を命ずる根拠法のほかに、行政上の強制執行の根拠法が必要になる。なお、これを条例で定めることはできないと解される。

2 民事上の強制執行との関係

　行政上の強制執行手続について法律の定めがある場合、この手続により、義務履行の確保をすべしとするのが法の趣旨であると解されるから、これに代えて、民事上の強制執行手続によることは許容されない（最大判昭和41年2月23日）。これに対して、行政上の強制執行手続について法律の定めがある場合でも、司法国家原理から、これを認めるべきとする立場もあり、少なくとも、時効の中断の必要など、司法判決を得ておく特別の必要が認められる場合には容認すべきなどとする。

　なお、行政上の強制執行手続について、とくに法律に定めがない場合には、民事上の強制執行による。

3 行政強制の手段

　本章では、行政強制の手段として、行政上の強制執行、行政代執行、即時強制及び行政罰について取り上げているが、本章では取り上げなかったものとして、次のような制裁的手段が挙げられる。

① 許認可等の停止・取消し等

　自動車の運転免許の停止・取消し（道路交通法103条）のように、法令又は行政行為によって課された義務の違反がある場合に、制裁として、事業・営業を停止したり、許認可を取り消したりする。

　この場合、行政手続法上の不利益処分に該当するので（行政手続法13条

1項）、実施するにあたっては、聴聞等の手続が必要になる（道路交通法104条の2参照）。

② 経済的負担

租税法上の義務違反に対する各種の加算税（国税通則法68条など）、交通反則行為に対する反則金（道路交通法128条）などがその例である。ちなみに、道路交通法上の反則金制度は、比較的軽微な反則事件について、反則金の納付があったときは、刑事訴追を受けないとするものである。

③ 違反事実の公表

法律や条例により、行政上の勧告や指導に従わなかったものがある場合、その氏名や違反事実を公表して社会的制裁を期待するものがある（雇用の分野における男女の均等な機会及び待遇の確保等に関する法律（男女雇用機会均等法）30条など）。

ただ、公表は、事前の手続の定めがなく、いったん公表されてしまうと、名誉や信用等に損害を被るおそれがあるにもかかわらず、事後救済としての取消訴訟によってはこれを回復しがたい。もちろん国家賠償請求は可能であるが、公表には慎重な判断が必要となる。

④ 給付の拒否

地方公共団体の条例や指導要綱などにおいて、義務違反者に対する制裁措置として、行政上の給付の停止を定めるものがある。水道など生活必需的なサービスの供給を拒否するものもみられるが、これは、法律との関係が問題となる。行政指導に従わないことを理由として給水契約の締結を拒むことは、正当な理由がある場合を除き、水道の継続的提供義務を定めた水道法15条に違反するとされる（最決平成元年11月8日）。

ちなみに、マンション建設に伴う人口の急激な増加を背景に、将来の水不足を避けるため、一定戸数以上の給水契約の申込みを拒否する方針に基づく町の決定が、水道法15条に反しないとした判例がある（最判平成11年1月21日）。

第5章 行政上の強制執行

―行政上の義務履行確保―

　行政上の強制執行とは、行政行為によって負わせた義務を相手方たる国民が履行しない場合に、行政機関が、将来に向かい、実力をもってその履行を迫り、強制的に義務を履行させ又はその履行があったのと同一の状態を実現することによって、行政目的を達成する行政作用である。将来に向かい義務の履行を強制する点で、過去の義務違反の制裁としての**行政罰**と区別され、義務の不履行を前提とする点で、**即時強制**と区別される。

　通常、権利者が権利を実現するためには、まず義務を履行しない義務者を相手どって義務の履行を求める民事訴訟を裁判所に起こし、義務を履行せよとの判決（**給付判決**）を得て、これを**債務名義**として**民事執行法**所定の手続により権利の実現をはからなければならない。ところが、この原則を行政権の行使に適用すると、**公共の役務遂行**に支障が生じてしまう場合がある。そこで、行政上の義務不履行の場合には、**市民法の例外**として、一定の範囲で行政庁の実力行使による義務履行強制の特権を認めたのである。

　行政権に**自力救済特権**をどの程度付与するかは、原則的に立法政策の問題である。ただし、行政上の強制執行は、法律関係の一方当事者である行政権の判断で行なわれるため、その恣意的判断によって国民の身体や財産に不当な侵害を及ぼすおそれがある。これは、中立的な裁判所の判断による国家作用の公正な運営の確保という憲法上の原則（**法の支配**）にそぐわないこともあり、現行の強制執行制度は、**明治憲法**下と比べ厳格に限定された手続に従ってのみ実施される。

　明治憲法下で定められていた**旧行政執行法**では、強制の手段として、代執行・執行罰・直接強制の3種を置いていたが、後二者は人権侵害の度合いが強いとして、現在、一般的な強制執行方法としては認められていない。**執行罰**は、義務の不履行に対し、**過料**を科すことで、心理的圧迫を与え、義務の履行を促すものであるが、現在では、砂防法36条に規定がおかれるのみである。**直接強制**は、義務の内容を直線的に実現する手続であるから、人権侵害の危険が大きく、旧行政執行法の下でも、他の強制手段の**補足的手段**として位置づけられていた。現行法上、行政上の強制執行の手続としては、代替的作為義務の代執行につき**行政代執行法**、金銭給付義務につき**国税通則法**の定める**滞納処分**制度があるほか、個別法に定めがある。

行政上の強制執行

■関連法条／旧行政執行法、行政代執行法、国税通則法、砂防法36条
●キーワード／代執行　秩序罰　直接強制　行政罰　即時強制

【問題】行政上の強制執行に関する次の記述のうち、正しいものはどれか。

❶　行政上の強制執行は、その前提となる義務賦課行為が法律上明記されていれば、強制執行のための法律の根拠がなくとも行うことができる。
❷　税金を過少申告し納税義務を免れようとした法人に対して追徴税を課すことは、制裁的意義を有するものであるから、刑罰と追徴税を併科することは憲法39条の二重処罰の禁止に反する。
❸　公法上の金銭債権を強制的に徴収することが法律で認められている場合であっても、一般の私法債権と同様に裁判所に訴えを提起し、民事法上の強制執行手続をとることができる。
❹　行政上の直接強制は、人権侵害の度合いが大きいとして、憲法上、全面的に禁止されている。
❺　執行罰は、将来に向かい義務の履行を強制する点で、過去の義務違反の制裁としての行政罰と区別される。

解説

❶　誤り。強制執行自体に法律の根拠が必要である。
❷　誤り。判例によれば、刑罰は、脱税者の不正行為の反社会性・反道徳性に対する制裁であるのに対して、追徴税は、納税義務違反を防止するための行政上の措置であるから、両者を併科しても憲法には違反しない（最大判昭和33年4月30日）。
❸　誤り。判例によれば、公法上の金銭債権を強制的に徴収すること（行政上の強制徴収）の手段が法律上認められているにもかかわらず、民事訴訟法上の強制執行の手段によってこれらの債権の実現を図ることは法の趣旨に反することになる（最大判昭和41年2月23日）。
❹　誤り。全面的に禁止されているわけではないが、例外的に、個々の法令により認められる場合があるのみである（出入国管理及び難民認定法39条の収容など）。
❺　正しい。

【正解　❺】

第5章 代執行

代執行とは、行政上の義務が履行されない場合に、その義務者のなすべき行為（**代替的作為義務**）を行政庁が自ら行い、又は第三者にこれをさせ、その費用を義務者から徴収する義務履行確保手段である。

代執行に関する一般法としては、**行政代執行法**がある。同法上、法令上の代替的作為義務の不履行だけでは要件が充足されず、「他の手段によってその履行を確保することが困難であり、且つその不履行を放置することが著しく公益に反すると認められるとき」という要件が付加されている（2条）。代執行の手続としては、まず行政庁が、相当の履行期限を定め、その期限までに履行がなされないときは、代執行をなすべき旨を、予め文書で**戒告**しなければならない（3条1項）。そしてその戒告を受けて、義務者が指定の期限までにその義務を履行しないときは、行政庁は**代執行令書**をもって、代執行をなすべき時期、代執行のために派遣する執行責任者の氏名及び代執行に要する費用の概算による見積額を義務者に通知する（同2項）。ただし、非常の場合又は危険切迫の場合において、当該行為の急速な実施について緊急の必要があり、上記の手続をとる暇がないときは、その手続を経ないで代執行をすることができる（同3項）。代執行に要した費用については、文書をもってその納付を命じなければならないが（5条）、費用の徴収については、**国税の滞納処分の例による**（6条）。

そこで**国税徴収法**によれば、**滞納処分**は滞納者の財産の**差押え**（47条以下）をもって始まる。なお、超過差押え及び無益な差押えは禁止され（48条）、差押えにあたっては第三者の権利を尊重しなければならない（49条）。また、滞納者の生活の維持その他の必要から、差押えが禁止されている財産も定められている（**差押禁止財産**、75〜78条）。金銭・債権等を除く差押財産は**換価**されることになるが、原則として、**公売**の方法によらなければならない（94条）。そして、差押財産の売却代金、債権等の差押えにより第三者債務者等から給付を受けた金銭（**換価代金**等）は、国税その他の債権に配当される（129条）。国税及び地方税はすべての公課その他の債権に先だって徴収することとなっている（8条、地方税法14条）が、代執行に要した費用は、国税及び地方税に次ぐ順位の**先取特権**を有するとされている（行政代執行法6条2項）。

代執行

■関連法条／行政代執行法、国税通則法、国税徴収法、成田新法3条8項、都市再開発法98条2項、屋外広告物法7条3項など
●キーワード／戒告　代執行令書　代替的作為義務　国税の滞納処分　差押え　換価代金　先取特権

【問題】次に掲げる記述のうち、行政庁Aが代執行を行うことが可能な事例として、正しいものはどれか。

❶　Aは老朽化して危険なB所有の木造住宅について、建築基準法上の権限に基づく取り壊しを命じたが、Bはそれを拒否した。
❷　消防士であるAは、現に消火活動を行なっている火災現場において、延焼を防ぐため、B所有の家屋を破壊する必要に迫られている。
❸　Aは、政治団体Bに公道上のデモ行進の許可をなしたが、Bが許可条件に著しく違反したため、Aがデモ中止を命令したにもかかわらず、Bは行進を継続し、他の交通を阻害している。
❹　Bは公務員を退職したにもかかわらず、公務員宿舎を継続して使用しているので、Aは立ち退きを要求したが、Bはなお居座っている。
❺　Aは要綱によって市街地建築物のネオン規制を行っているが、Bは度重なる指導勧告にもかかわらず、要綱に違反していた。Aは改めて期間を定めて撤去を要求したが、Bはなお撤去を拒否している。

解説

❶　正しい。行政代執行は、法律により直接命ぜられ、または法律に基づき行政庁により命ぜられた代替的作為義務について、義務者がこれを履行しないときに行われる。本事例は、これに該当する。
❷　誤り。破壊消防は、義務の履行のためではなく、害悪の発生を予防するために行われる実力行使（即時強制）であり、代執行の対象にはならない。
❸　誤り。デモを中止することは、不作為義務であり、対象にはならない。
❹　誤り。立ち退き行為は、非代替的作為義務であり、対象にはならない。
❺　誤り。要綱は、行政機関内部の定めに過ぎないから、これを根拠に代執行を行うことはできない。

【正解】　❶

第5章 即時強制

行政上の義務履行確保

　即時強制とは、国民に対しあらかじめ義務を課する余裕のない緊急の必要がある場合、又は義務を命ずることによっては目的を達することのできない場合に、行政機関が直接国民の身体や財産に実力を加えて行政上必要な状態を実現する作用をいう。行政上の義務の賦課行為を介在させず、直ちに強制力を加える点において**行政上の強制執行**と区別される。火災の延焼を防ぐための破壊消防（消防法29条3項）や感染症のまん延を防止するための健康診断の強制（感染症予防法17条2項）など、緊急避難的な行政活動といえる。ただ、道路交通法による違法駐車のレッカー移動（51条5項）など、**直接強制**との分類が困難なものもある。なお、行政過程においても**憲法33条・35条**の**令状主義**の精神は尊重されるが（最大判昭和47年11月22日）、即時強制は多様なかたちで展開される緊急措置であるから、これを厳格に適用する余地はあまりない。

　即時強制は、予告なく、行政機関が有形力を行使して直接国民の身体、自由、財産に働きかけこれを制約する作用であり、**人権**に対する重大な侵害を伴うから、これを実施するには、法律にその目的、要件、限界が定められていなければならない。そして、即時強制に関する根拠法が、**不確定概念**で定められた**概括条項**によるものである場合、その適用にあたっては法規の趣旨目的を厳格に解釈し、**比例原則**等に照らし相手方の人権侵害を最小限にとどめるよう慎重に配慮しなければならない。とはいえ、現行法は、あいまいな規定によることが通例であり、判例も、実定法上特段の定めのない実施の細目については、「（即時強制の）必要があり、かつこれと**相手方の私的利益**との衡量において**社会通念上相当**な限度にとどまるかぎり」、権限ある行政機関の合理的な選択に委ねられるとしている（最決昭和48年7月10日）。また、航行船舶の事故及び住民の危難を回避すべき緊急の事態に対処するため、河川に不法に設けられた係留施設を、行政が、やむを得ず法律の授権なしに、実力行使により撤去した事件について、民法720条の法意に照らし、容認すべきものとする判例もある（最判平成3年3月8日）。

　即時強制の際の有形力の行使は、具体的状況に応じ、**必要最小限度**の強制力を用いることができるが（最大判昭和48年4月25日）、**警察比例の原則**、**警察責任の原則**などの制限が厳格に適用されなければならない。

■関連法条／憲法33条・35条、警察官職務執行法、消防法29条3項、感染症予防法17条2項、道路交通法51条5項など
●キーワード／行政上の強制執行　直接強制　令状主義　警察比例の原則　警察責任の原則

【問題】即時強制に関する次の記述のうち、正しいものはどれか。

❶　即時強制は、強度の人権制限になるので、これを法律で一般的に認めることは許されない。
❷　即時強制は、極めて強力な行政手段であり、人権に対する重大な侵害を伴うため、実施に当たっては必ず法律の根拠を必要とする。
❸　条例は、法律に類する民主的基盤によって成り立っているので、即時強制の根拠となることに争いはない。
❹　即時強制は、緊急に実現しなければならない義務を、国民が履行しない場合に、実力をもって必要な状態を実現する作用である。
❺　即時強制は、緊急の事態に対処するものであるから、憲法上の令状主義は当然に排除される。

解説

❶　誤り。行政の任務の中には、相手方に義務を命じていたのでは達成し難いものがあり、そうした場合、法律上一定の要件の下で行政機関が有形力を行使する即時強制が認められる。即時強制を一般的に認めているものとして警察官職務執行法のほか、健康診断の強制（結核予防法7条）、家屋の倒壊（消防法29条）などがある。
❷　正しい。
❸　誤り。条例で即時強制の根拠を定めることについては、条例では強制執行の権限を定められないとされていること（行政代執行法1条参照）や即時強制の性質から否定的見解が多い。
❹　誤り。即時強制は義務及びその不履行の存在を前提としない。
❺　誤り。厳格に適用される余地はあまりないとしても、当然に排除されるものではない。

【正解】　❷

第5章 行政罰

行政上の義務履行確保

　行政罰とは、行政法上の義務違反行為に対して、**一般統治権**に基づいて、制裁として科せられる罰であり、**行政刑罰**と**行政上の秩序罰**の2種がある。

　行政罰は、過去の義務違反に対する制裁であり、将来に向かって義務の実現をはかろうとする**行政上の強制執行**とは本質的に異なる。ただ実際には、その威嚇効果によって行政上の義務の実現を間接的に促し、その義務履行の確保をはかろうとするのであるから、行政罰は機能的には行政上の強制執行を補完する作用であるということができる。

　行政罰は、将来における義務履行を確保する手段である**執行罰**や、特別の監督権（特別統治権）に基づいて行われる公務員等に対する**懲戒罰**、刑事法上の義務違反（刑事犯）に対して科される**刑事罰**とも区別される。

　行政罰のうち、**行政刑罰**は、行政上の義務違反に対して科される、刑法に刑名のある刑罰（懲役、禁錮、罰金、拘留、科料）をいう。行政刑罰には、**刑法総則**が適用され（刑法8条）、**刑事訴訟手続**によるのを原則とするが、法令に特別の規定がある場合は、この限りでない。なお、条例上の義務違反に対しても科される（地方自治法14条3項）。行政罰の例としては、**即決裁判**（交通事件即決裁判手続法）、**交通反則金制度**（道路交通法125条以下）、**通告処分制度**（関税法138条、国税犯則取締法14条）がある。ただ、行政刑罰は、行政上の義務違反（行政犯・法定犯）に対する取締りの見地から主として科されるものであり、それ自体反社会的・反道義的性質の行為（刑事犯・自然犯）に対する通常の刑罰とは、法律上若干異なった扱いがなされる。例えば、両罰規定（所得税法244条など）、他人の行為に対する責任（労働組合法31条など）、共謀等の処罰（国家公務員法11条など）が特徴的である。

　秩序罰は、行政上の秩序維持のために**過料**をもって科される金銭罰であるが、刑罰ではないので、刑法総則・刑事訴訟法の適用はない。法令に基づく過料は、**非訟事件手続法**に基づき（206条〜208条の2）、裁判所が決定をもってこれを科す。これに対し、地方公共団体の条例・規則違反について科される過料は、当該地方公共団体の長が**行政行為**の形式でこれを科し（地方自治法149条3号、255条の3）、納期限内に納付しない場合は、期限を指定して督促し、なお納付がない場合は、手数料及び延滞金とともに、滞納処分の例により**強制徴収**する（231条の3）。

行政罰

■関連法条／刑法、刑事訴訟法、非訟事件手続法、地方自治法
●キーワード／行政刑罰　秩序罰　一般統治権　執行罰　懲戒罰　刑事罰　行政上の強制執行　行政犯　法定犯　刑事犯　自然犯　両罰規定　過料

【問題】行政罰に関する次の記述のうち、正しいものはどれか。

❶　行政罰は、一般統治権に基づき、もっぱら行政上の義務の履行をうながすために科せられるものである。
❷　秩序罰は、法令に基づく過料が裁判所の決定によって科せられるのに対し、地方公共団体の条例に基づくものは、当該地方公共団体の長の行政行為によって科せられる。
❸　行政刑罰には、刑法総則が適用されるが、刑事訴訟法の対象にはならず、非訟事件訴訟法に基づく裁判所の決定によってこれを科せられる。
❹　行政罰は、公務員関係など特殊な法律関係を規律するために課せられるものである。
❺　行政刑罰はそれ自体が反社会的・反道義的性質をもった行為に対する刑罰であるが、刑罰の一種であるから、行政刑罰を科すためには法律の根拠が必要となる。

解説

❶　誤り。行政罰は、行政上の強制執行と異なり、過去の義務違反に対して科せられるものである。
❷　正しい。
❸　誤り。行政刑罰とは、刑法上に刑名のある刑罰であり、刑法総則・刑事訴訟法が適用され、裁判所の判決によって科せられるものをいう。
❹　誤り。行政罰は、一般統治権に基づく罰である。特殊な法律関係を規律する特別統治権に基づくものとしては、懲戒罰がこれにあたる。
❺　誤り。行政刑罰は、行政上の義務違反（行政犯・法定犯）に対する取締りの見地から科せられる刑罰である。ただし後半の記述は、罪刑法定主義の要請から正しい。

【正解　❷】

判例チェック

(行政上の強制執行手続が法定されている場合の民事上の強制執行手続について)
・農業共済掛金等請求事件：最大判昭和41年2月23日民集第20巻2号320頁

(行政指導に従わせるための水道供給の拒否について)
・武蔵野市長給水拒否事件：最決平成元年11月8日集刑第253号399頁

(町による給水契約締結の拒否の適法性について)
・給水契約上の地位確認等事件：最判平成11年1月21日民集第53巻1号13頁

(刑罰と追徴税を併科することの憲法適合性について)
・法人税額更正決定取消等請求事件：最判昭和33年4月30日民集第12巻6号938頁

(行政過程における令状主義について)
・川崎民商事件：最大判昭和47年11月22日刑集第26巻9号586頁

(実定法上特段の定めのない即時強制について)
・所得税法違反事件：最決昭和48年7月10日刑集第27巻7号1205頁

(不法設置によるヨット係留杭を法律の根拠なく強制撤去したことの違法性について)
・損害賠償事件：最判平成3年3月8日民集第45巻3号164頁

(即時強制の際の有形力の行使について)
・住居侵入、公務執行妨害事件：最大判昭和48年4月25日刑集第27巻3号418頁

新要点演習
行政法
第6章
国家補償

- (概観)
- 損失補償
- 国家賠償
- 公権力の行使と国家賠償責任
- 営造物管理の瑕疵

- 判例チェック

（概観）

1　国家補償の意義

　国家補償とは、行政作用によって損害を負わされた市民に対してなされる金銭的補てんの総称をいう。適法行為に基づく損失補償と違法行為に基づく国家賠償を含む。損失補償を狭義の国家補償と呼ぶこともある。

　損失補償は、団体主義的思想に基づく、社会的公平負担の実現を目指す制度であるのに対し、国家賠償は、近代個人主義的思想に基づく、国家の道義的・過失的責任主義による制度であり、国家補償という観念をそもそも否定するという考えもある。しかし、「国家補償」という枠組みで広くとらえる意義は、損失補償及び国家賠償のいずれによっても救済がなされない「制度の谷間」の問題についても、国家作用の適法・違法の区別に関わらず、その損害を救済しようとするところにある。

2　損失補償

　損失補償とは、適法な公権力の行使によって加えられた特別の犠牲に対し、公平の見地から全体の負担においてこれを調節するための財産的補償をいう。明治憲法は、補償に関する一般的規定を欠き（27条2項）、個々の法令中に補償を認める規定が存在するに過ぎなかったが、現行憲法は、財産権の損失補償制度の一般的根拠を置いた（29条3項）。現行実定法では、土地収用法をはじめとして様々な法律が、損失補償規定を置いているが、法律に補償規定が欠けている場合については、憲法29条3項に基づく直接請求権発生説が判例（最大判昭和43年11月27日）の立場である

　損失補償の要否については、当該損失が「特別の犠牲」にあたるか否かによって決定される。特別の犠牲にあたるか否かの判断基準としては、侵害行為の対象が一般的か特別かという形式的基準、及び侵害行為の対象が財産権の本質的内容を侵害するほどの強度のものか否かという実質的基準、あるいは、警察制限（消極目的のための制限）であるか公用制限（積極目的のための制限）であるかという規制目的による基準等、学説上、様々な基準が提示されている。

　古典的には、土地収用に伴う土地所有権の剥奪とその対価の付与が原型であったが、現代国家においては、侵害行為の対象は財産権一般に拡大し（身体的侵害の問題も生じている）、侵害の態様も各種の土地利用規制にみ

られるように多様化しているため、「特別の損失」の意味についても、侵害行為の態様、原因、損失の程度、その時代・状況に応じた社会通念等を総合的に勘案する必要が認められる。また、今日では、生活再建措置等の新たな内容の補償が必要とされる場合が生じている。

3　国家賠償

　国の不法行為責任については、歴史的には、イギリスの「王は悪事をなさず」というような国家無答責の法理や、大陸法系における行政裁判所と司法裁判所の管轄の区別に基づく公権力無責任の法理がみられた。しかしながら、公務員の個人責任のみを問う場合には、公務の萎縮につながり、被害者も当該公務員に資力がない場合には十分な救済が得られないことが問題となるため、いわゆる国家無答責の法理は、各国で克服されていった。我が国においては、遊動円棒事件（大判大正5年6月1日）において、公物・営造物の設置保存の瑕疵をめぐる市の損害賠償責任が認められて以来、非権力行政については、国・公共団体の責任が認められるようになった。他方、権力行政の分野においては、なお、国家無答責の法理が妥当し、これが克服されたのは、日本国憲法制定による。

　国家賠償法は、国又は公共団体の損害賠償責任に関する一般法である。日本国憲法17条は、明治憲法下で認められていなかった公権力の行使に基づく損害の賠償責任を認め、その具体的要件については法律の定めるところに譲っている。そこで制定されたのが国家賠償法である。

　違法無過失の行為については、立法において、特定事項に関して無過失責任を定めるものが見られるが（刑事補償法・予防接種法など）、解釈論としては、国家賠償法1条の「過失」の客観化、「過失」の推定などにより、救済の範囲を拡大することが試みられている、また、国家補償の統一的把握の観点から、損失補償の原理と共通な「平等」の理念に基づき、無過失責任あるいは結果責任を主張する見解も存する。

第6章 損失補償

国家補償

　損失補償とは、適法な公権力の行使によって加えられた**特別の犠牲**に対し、**公平の見地**から行われる損失の補てん制度である。明治憲法は、補償に関する一般的規定を欠き（27条2項）、個々の法令中に補償を認める規定が存在するに過ぎなかった。しかし現行憲法は、財産権を公共のために用いる場合に**正当な補償**を要求し（29条3項）、損失補償制度の一般的根拠を置いた。実定法上、補償規定が欠けている場合については、憲法に基づき**直接請求**ができる（最大判昭和43年11月27日）。

　損失補償の要否については、当該損失が「**特別の犠牲**」にあたるか否かによって決定される。その判断基準としては、侵害行為の対象が一般的か特別か（**形式的基準**）、及び侵害行為の対象が財産権の本質的内容を侵害するほどの強度のものか（**実質的基準**）を判断要素とする説が有力であるが、近時は、実質的基準を中心に考える立場が支持されつつある。なお、警察制限（公共の安全の維持）か公用制限（公共の福祉の増進）かという目的により区分し、後者についてのみ補償を要するとする立場もあるが（最判昭和38年6月26日参照）、制限の態様からは、必ずしも目的が明確にならない場合があるなど、批判も多い。現代国家においては、規制の対象が財産権一般に拡大し、侵害の態様も多様化しているため、規制の態様、原因、損失の程度、社会通念等を総合的に勘案する必要が認められる。

　憲法の要求する「**正当な補償**」については、「収用の前後を通じて被収用者の財産価値を等しくならしめるような補償をなすべき」（最判昭和48年10月18日）として、**完全補償**が必要であるとされる（ただし、農地改革のような特殊な事例の場合には相当補償が認められている。最判昭和28年12月23日）。

　収用等により生活の基盤を失うことになった者に対し、損失補償とあわせて、その生活再建（憲法25条参照）を可能にする措置（**生活再建措置**）が必要とされる場合がある（都市計画法74条）。この措置は、土地の取得を円滑にするとともに、土地所有者の利益保護を目的とする政策的な措置であるが、損失補償とは趣旨を異にし、法文上**努力義務**にとどまる。

　なお、政府では、各事業間の公共用地の取得に伴う損失補償の項目・内容・手法等の統一と適正化を目指すため、「**公共用地の取得に伴う損失補償基準要綱**」（昭和37年6月29日閣議決定、平成14年7月2日改正）を定めている。

損失補償

■関連法条／憲法29条・25条、明治憲法27条2項：都市計画法74条など
●キーワード／財産権の保障　特別の犠牲　形式的基準　実質的基準　正当な補償　完全補償　生活再建措置

【問題】損失補償に関する次の記述のうち、正しいものはどれか。

❶　金銭により損失補償がおこなわれる場合には、支払が財産権の収用もしくは制限に先立ち、またはそれと同時におこなわなければならないとは限らない。
❷　憲法29条3項の損失補償には、公共事業による騒音・悪臭被害、経営悪化など、間接的被害に対する補償も当然含まれる。
❸　特定人に財産上の犠牲を強いる権限を行政に認めながら、補償の規定を持たない法令は、憲法29条3項に照らし、違憲となる。
❹　憲法29条3項にいう「正当な補償」とは、常に完全な補償、すなわち財産権者が被った財産上の損失をすべて算定した額をいう。
❺　適正な刑事手続の後、無罪の判決を受けた場合の救済方法をめぐって、29条3項類推説と国家賠償説が対立している。

▶解説

❶　正しい。憲法は、補償の時期について言明しておらず、同時履行まで保障したものではない（最大判昭和24年7月13日）。
❷　誤り。本来の損失補償は、間接被害に対する補償を想定していない。
❸　誤り。直接憲法29条3項を根拠にして、補償請求する余地が全くないわけではないので、補償の規定を有しない法令が、即違憲となる訳ではない（最大判昭和43年11月27日）。
❹　誤り。正当な補償の意義については、「その当時の経済状態において成立することを考えられる価格に基き、合理的に算出された相当な額をいうのであって必ずしも常にかかる価格と完全に一致することを要するものではない」とされる（最大判昭和28年12月23日）。
❺　誤り。憲法40条には、刑事補償請求権が規定されており、これを受けて定められた刑事補償法による救済手段がある。

【正解】❶

第6章 国家賠償

（国家補償）

　国家賠償は、違法な国家行為によって生じた損害に対する、国家の不法行為に基づく賠償責任である。**憲法17条**は、「何人も、公務員の不法行為により、損害を受けたとき」、国家に賠償を求めることができると定め、国家無答責の原則を否定する。

　これを受けて、国又は公共団体が賠償責任を負う具体的要件や手続を定める一般法として、昭和22年に**国家賠償法**が制定された。国家賠償については、他に特別法がある場合（自動車損害賠償保障法、郵便法、警察官の職務に協力援助した者の災害給付に関する法律など）を除くほか、一般に国家賠償法が適用される（5条）。

　同法の定める賠償責任は、「公権力の行使に当る公務員が、その職務を行うについて、故意又は過失によつて違法に他人に損害を加えたとき」（1条1項）、及び、「道路、河川その他の公の営造物の設置又は管理に瑕疵があつたために他人に損害を生じたとき」（2条1項）に生じる。その際、管理者と費用負担者が異なる場合には、費用負担者にも賠償責任が認められることとなっている（3条）。

　本法に規定される以外の場合には、民法の規定が適用されるので（4条）、国又は公共団体の賠償責任でも、純粋な私的経済取引に際して生じた損害賠償責任については、民法709条などの規定が適用される。

　なお、本法は、外国人が被害者である場合について**相互保証主義**を採用しており、日本人が当該外国人の本国において、日本の国家賠償制度と類似の制度の適用を受けられる場合に限り、当該外国人に適用される（6条）。

　予防接種を義務づける**予防接種法**の旧規定に基づくワクチン接種により、重篤な副作用被害を受けた者への救済について、学説上、損害賠償説、損失補償説、結果責任説などが対立しているが、判例は被接種者の禁忌を推定し、接種者の過失の幅を広げることで、国家賠償の余地を認めている（最判平成3年4月19日）。かつての裁判例には、**憲法29条3項の類推適用**により、予防接種事故による補償を認めたものがあるが（東京地判昭和59年5月18日）、最近では、国家賠償を**代位責任**としながらも、過失を公務員個人の注意義務から完全に切り離し、行政機関の**公務運営の瑕疵**をもって過失とするものがみられる（東京高判平成4年12月18日）。

■関連法条／憲法17条、国家賠償法、民法709条
●キーワード／国家無答責の原則　相互主義　予防接種禍訴訟　代位責任　不法行為

【問題】国家賠償に関する次の記述のうち、正しいものはどれか。

❶　具体的な法律に基づかなくても、憲法17条を直接の根拠に国家賠償を請求できる点に争いはない。
❷　国家無答責の原則が妥当していた時代であっても、純粋な国の私経済活動については、民法上の不法行為法が適用され、救済が図られていた。
❸　明治憲法下では、国家賠償が行政裁判所の管轄とされており、司法裁判所が国家賠償に関する事件を扱うことができなかった。
❹　国家賠償法6条の規定する相互保証を欠く外国人に対して、国が国家賠償を行う余地はない。
❺　公務員の選任監督にあたる者と、給与の負担者が異なっているときには、後者に対してのみ国家賠償請求が認められる。

解説

❶　誤り。通説は、法律による具体化により損害賠償請求権が発生するものとしている（東京高判昭和29年9月30日参照）。なお、17条の法規範性を認めた郵便法違憲判決（最大判平成14年9月11日）参照。
❷　正しい。純粋な私経済活動のほか、公法上の国家活動のうち、公の営造物の設置及び管理の瑕疵に基づく損害につき、民法717条を適用し、国の賠償責任が認められている（大判大正5年6月1日）。
❸　誤り。国家無答責の原則から、旧行政裁判法16条は、国家賠償訴訟を行政裁判所の管轄権からも除外し、その救済の余地を排除していた。
❹　誤り。相互主義から救済しなくてもよい場合でも、国が個別的事案に応じて賠償することは可能とされる（昭和57年4月23日96回国会衆議院法務委民事局長答弁）。
❺　誤り。被害者はそのいずれに対しても損害賠償請求ができる（国家賠償法3条）。

【正解】　❷

第6章 公権力の行使と国家賠償責任

国家補償

　国家賠償法1条は、公権力の行使にあたる公務員が、その職務を行うについて、故意又は過失によって違法に他人に損害を与えたとき、国又は公共団体が損害賠償責任を負うと定めている（1項）。

　この賠償責任は、本来公務員個人の民事上の責任を国家が代わって負う責任（**代位責任**）であるとされており、公務員個人は、直接被害者に対して責任を負わず（最判昭和30年4月19日）、故意又は重過失のある場合にのみ、国又は地方公共団体から**求償権**を行使されうる（2項）。公務員の過失の有無は、損害発生に対する予見可能性と回避可能性として判断される（最判昭和61年2月27日参照）が、被害者にも責めを負うべき事情がある場合、一般に過失相殺事由として斟酌され、損害回避義務を懈怠したことを理由に国家賠償を認めない場合もある（最判昭和57年2月23日）。

　本条の「公務員」は、国家公務員法・地方公務員法にいう身分上の公務員に限定されず、公権力の行使を委ねられたものが該当する。逆に身分上の公務員であってもその行為が公権力の行使でなければ本条は適用できない。したがって本条の「公権力の行使」の概念が重要となる。そこには、強制をともなう行政作用のみならず、教師の教育活動のような非権力的な行政活動の場合（最判昭和62年2月6日）や、権限不行使の場合（最判平成16年4月27日、平成16年10月15日）も含まれるとされている。また、国会の立法行為（最判昭和60年11月21日）、裁判判決（最判昭和57年3月12日）についても、限られた場面であるが、適用される余地がある。なお、最高裁は、立法不作為の国家賠償に関する近時の判例（最大判平成17年9月14日）において、①立法の内容又は立法不作為が国民に憲法上保障されている権利を違法に侵害するものであることが明白な場合や、②国民に憲法上保障されている権利行使の機会を確保するために所要の立法措置を執ることが必要不可欠であり、それが明白であるにもかかわらず、国会が正当な理由なく長期にわたってこれを怠る場合などには、例外的に国会議員の立法行為又は立法不作為が、国家賠償法上、違法の評価を受けると判示した。

　また、「職務を行うについて」とは、客観的にみて職務行為の外形を備えている行為がすべてこれにあたり（**外形標準説**）、公務員の主観的意図は問わない（最判昭和31年11月30日）。

■関連法条／国家賠償法１条
●キーワード／代位責任　求償権　公権力の行使　職務を行うにつき

【問題】国家賠償に関する次の記述のうち、正しいものはどれか。

❶　裁判官の行った裁判については、その権限の逸脱・濫用が明らかであるような特別な場合でなければ、国の賠償責任は生じない。
❷　複数の国家公務員による一連の職務上の行為が、他人に損害を与えた場合でも、それが具体的にどの公務員のどのような違法行為によるものであるかが特定されなければ、国は賠償責任を負わない。
❸　国会議員には、免責特権が認められているから、院内での議員の発言により損害を受けた者が国家賠償を請求することはできない。
❹　行為の外形が客観的に見て職務行為と認められる場合でも、その公務員が専ら私利を図る目的であった場合には、国家賠償法の適用はない。
❺　公立学校の教員によるクラブ活動の監視・指導は、「公権力の行使」にあたらないから、そこでの事故について国家賠償責任が生じることはない。

解説

❶　正しい。裁判に訴訟法上の救済方法によって是正されるべき瑕疵が存在するとしても、これによって当然に国の損害賠償責任が生ずる訳ではない（最判昭和57年３月12日）。
❷　誤り。一連の行為のうち、いずれかに公務員の故意または過失による違法行為があった場合、加害者・加害行為不特定の故をもって、賠償責任を免れる訳ではない（最判昭和57年４月１日）。
❸　誤り。議員個人に対する責任はできないが（憲法51条）、議員がその権限の趣旨に明らかに反してこれを行使したような特別の事情の下では、国の賠償責任が生じる余地がある（最判平成９年９月９日）。
❹　誤り。公務員の主観的意図に関係なく、客観的に職務遂行の外形を備えた行為により他人に損害を与えた場合には、国又は公共団体が損害賠償責任を負う（最判昭和31年11月30日）。
❺　誤り。公権力の行使にあたる。事故発生の予見可能性の有無が問題となる（最判昭和58年２月18日参照）。

【正解】❶

第6章 営造物管理の瑕疵

国家補償

国家賠償法2条は、道路、河川その他の公の営造物の設置又は管理に瑕疵があつたために他人に損害を生じたとき、国又は公共団体が損害賠償責任を負うとしている（1項）。同法1条が公務員の故意又は過失を要件として規定し、過失責任の原則を採用しているのに対し、2条は、民法717条と同じく**無過失責任の原則**を採用している点に特徴がある（最判昭和45年8月20日）。「**公の営造物**」とは、国又は公共団体が公用又は公共の用に供している物的施設や有体物（**公物**）を指し、その管理下にあっても直接公の目的に供されていない私物は、これにあたらない（東京高判昭和50年6月23日参照）。

「公の営造物の設置又は管理の瑕疵」とは、「営造物が通常有すべき安全性を欠いていること」をいい、財政的理由は、直ちに賠償責任の免責事由とはならない（最判昭和45年8月20日）。具体的な瑕疵の存否の判断は、「当該営造物の構造、用法、場所的環境及び利用状況等諸般の事情を総合考慮して具体的個別的に判断すべきもの」（最判昭和53年7月4日）とされる。被害者が通常予測し得ない異常な方法で営造物を使用したために生じた損害については、設置管理者の予測し得ないものとして、賠償責任が生じないとされる（最判平成5年3月30日）。

判例は、公の営造物に**自然公物**も含まれるとしているが、その瑕疵の存否について、**人工公物**による場合とは区別して論じている。例えば、溢水による水害に対する河川管理の瑕疵が問題となった事案では、河川が「通常は当初から人工的に安全性を備えたものとして設置され管理者の公的開始行為によって公共の用に供される道路その他の営造物とは性質を異にし、もともと洪水等の自然的原因による災害をもたらす危険性を内包している」と判示し、瑕疵の有無については、「諸般の事情を総合的に考慮し」、「諸制約のもとでの同種・同規模の河川の管理の一般水準及び社会通念に照らして是認しうる安全性を備えていると認められるかどうかを基準として判断」する（過渡的安全性論）と判示する（最判昭和59年1月26日）。

賠償の対象は、営造物の利用者に限定されず、例えば、空港の騒音のように、営造物の平常の操業によって、周辺住民等に**受忍限度**を越える被害が生じた場合にも、社会的機能的な瑕疵があるとして、賠償責任が認められる（最判昭和56年12月16日）。

営造物管理の瑕疵

■関連法条／国家賠償法2条
●キーワード／無過失責任　公の営造物　自然公物　人工公物

【問題】国家賠償に関する次の記述のうち、正しいものはどれか。

❶ 堤防のような河川中の許可工作物の管理は、流域全体の河川管理施設を整備改修する場合に比べて河川管理の諸制約が相当に小さいから、管理者の瑕疵が認められる余地が大きい。
❷ 道路上に長時間放置されていた故障車について、道路交通法上、違法駐車の取締権限を有する警察官がこれを知りながら何ら措置をとらなかった場合、道路管理者の管理上の瑕疵は無いものとされる。
❸ 公の営造物の設置または管理についての瑕疵に基づく、国および地方公共団体の賠償責任については、その過失の存在が必要である。
❹ 道路管理者の瑕疵が予算的制約によるものであれば、国および公共団体は、当該瑕疵によって生じた損害の賠償責任を直ちに免除される。
❺ 公の営造物の設置または管理における安全性は、営造物利用者の安全性であり、利用者以外の第三者に対する安全性は含まれない。

解説

❶ 正しい。最判平成2年12月13日。河川の危険防止施設は、それが完成した以上、初期の目的を達成できるように維持管理されなければならないから、想定される洪水に対応しうる安全性が要求される。
❷ 誤り。道路法42条により義務を負う道路管理者の瑕疵の有無は、他の行政機関の権限とは無関係である（最判昭和50年7月25日）。
❸ 誤り。国家賠償法2条1項の営造物の設置または管理に基づく瑕疵とは、営造物が通常有すべき安全性を欠いていることをいい、国および地方公共団体の過失を必要としない（最判昭和45年8月20日）。
❹ 誤り。予算的制約が免責事由となる余地も否定し得ない（最判昭和40年4月16日参照）が、直ちに免除されると考えるのは相当でない。
❺ 誤り。判例は、利用者以外の第三者に対するものも含まれるとする（最大判昭和56年12月16日）。

【正解】　❶

👉 判例チェック

第6章　国家補償

(損失補償の直接請求権について)
・河川付近地制限令事件：最大判昭和43年11月27日刑集22巻12号1402頁
(損失補償の「正当な補償」について)
・農地改革事件：最大判昭和28年12月23日民集7巻13号1523頁
・土地収用法補償金請求事件：最判昭和48年10月18日民集27巻9号1210頁
(予防接種における国家賠償の余地について)
・予防接種禍事件：最判平成3年4月19日民集45巻4号367頁
(公務員の過失の有無について)
・パトカー追跡事故事件：最判昭和61年2月27日民集40巻1号124頁
(「公権力の行使」概念について)
・プール飛び込み事件：最判昭和62年2月6日判時1232号100頁
・三井鉱山じん肺事件：最判平成16年4月27日民集58巻4号1032頁
・水俣病事件：最判平成16年10月15日民集58巻7号1802頁
(「公権力の行使」と立法不作為について)
・在外日本人選挙権剥奪違法確認請求事件：最大判平成17年9月14日民集59巻7号2087頁
(営造物管理の瑕疵について)
・国道落石事故事件：最判昭和45年8月20日民集24巻9号1268頁

新要点演習
行政法

第7章

行政不服申立て等

- （概観）
- 行政活動の是正方法
- 行政不服申立制度
- 行政不服申立ての要件
- 不服審査の諸手続と教示制度
- 行政審判

- 判例チェック

第7章 （概観）

行政不服申立て等

1 行政争訟と行政救済

行政争訟とは、行政上の法律関係に関して争いがある場合、当事者からの申立てに基づいて、国家機関が審理・裁断する作用をいう。行政機関に審査を求める行政不服申立て・裁決の申請と、司法機関に対して行う行政事件訴訟がある。

行政争訟は、行政救済の一種である。行政救済とは、違法・不当な行政活動により、自己の権利を侵害された者がその是正を求める制度の総称であり、国家補償法もこれに含まれる。これらの制度は、法技術的に異なるが、個人の権利利益の救済という点で共通し、相互に関連するところが多いので、総合的に考える必要がある。

2 訴願法から行政不服審査法へ

行政不服申立てに関する一般法が、行政不服審査法である。同法以前は、明治23年に制定された訴願法が、行政不服申立手続の一般法であったが、日本国憲法下での行政救済制度としては不備欠陥が多く、昭和37年の現行法制定・施行とともに廃止された。訴願法によると、訴願は主として行政監督の手段たる性格をもち、国民からの訴願の申立てを契機に行政庁が自己反省をする手続として構成されており、訴願事項については、列挙主義を採用して6項目をあげるにとどまっていた。これに対し、行政不服審査法は、行政監督としての性格をもちつつ、国民の権利利益の救済を主軸にすえ、「国民が……広く行政庁に対する不服申立てをすることができるための制度」（1条1項）になっている。

3 行政不服審査制度・事前の行政手続制度の見直しの動き

行政不服審査法は、施行後40年以上経過しているが、その間、行政手続法が平成6年に施行されたり、平成16年には行政事件訴訟法が大幅に改正されたりしたにもかかわらず、抜本的な改正が行われないままであり、それら関連制度との整合性を改めて整理する必要性が認識されている。

そうした状況を踏まえ、平成19年7月に総務省の検討会が行政不服審査制度改正に向けての最終報告をまとめた。それによれば、審理の客観性・公正さの確保の観点から、①審査請求と異議申立てを「審査請求」に一元化するとともに、再審査請求を廃止して、原則として審理を一段階化する、

②審査請求には、原則として原処分の手続に関与していない「審理員」が審理を行う、③より客観的かつ公正な判断が得られるよう、一定の案件について合議制の第三者機関へ諮問する、また、審理の迅速化の観点から、①標準審理期間を定めるよう努める、②審理担当者は、適正かつ迅速な審理を行うため、一定の案件について争点及び証拠の整理を行うとする。平成20年には、これらの内容を規定した行政不服審査法案（169回国会閣法76号）が提出されたが、平成21年の衆議院解散に伴い審議未了・廃案となった。その後に発足した新政権下では、検討チームが設けられ、審理官制度の創設や多様な裁決のメニュー化、審査請求期間の延長など法改正に向けた取りまとめが平成23年12月に公表されたが、法案提出には至っていない。さらに、平成24年の解散・総選挙で再び交代した政権では、平成21年に廃案になった法案を基本に、前政権の検討チームのものなども反映した法案が取りまとめられた。平成26年3月14日に閣議決定がなされた同法案はその後、平成26年度通常国会に提出され、同年6月に成立した。この新法の施行期日は、平成28年4月1日に定められた（平成27年政令第390号）。この新法と同時に、行政不服審査法の施行に伴う関係法律の整備等に関する法律（平成26年法律第69号）および行政手続法の一部を改正する法律（平成26年法律第70号）も成立した。前者は新法と同日に施行され、後者は平成27年4月1日に施行されている。また、海難審判庁は、平成20年に航空・鉄道事故調査委員会とともに統合・改組され、運輸安全委員会と海難審判所が新設された。

4　苦情処理制度

　行政庁が行政上の苦情を受理し、あっせん・勧告などの必要な措置をとることがある。これらは、行政不服審査、行政訴訟のような正式の争訟手続ではなく、必ずしも直接の法的効果をもつものではない。だが、複雑な手続や日時を必要とせず、日常的苦情を迅速に処理する点において、現代的意義がある。

第7章 行政活動の是正方法

行政活動に伴う様々な紛争を解消していくことは、法治国家の要請ということができる。そうした行政活動の是正方法として、行政機関に対して審査を求める**行政不服申立制度・行政審判**、裁判所に対して審査を求める**行政事件訴訟**といった**行政争訟**のための制度が設けられている。

しかし行政争訟は、その裁断作用に強い法的効果を伴う一方で、程度の差はあれ一定の手続を踏まなければならず、申立期間、申立先、不服の対象などが限定されている。そのため、制度の利用者にとっては一定の負担となるだけでなく、複雑化する行政への不服・不満に適切に対処できない場合がある。そこで、より簡易で柔軟な救済制度として置かれているのが**苦情処理制度**である。そもそも、すべての行政機関が誠意をもって苦情に対応することは、自らの事務を誠実に遂行する上での当然の責務といえる。しかし苦情処理は、法的義務に基づくものではなく、あくまで**事実上の行為**であるため自ずと限界があり、行政争訟を補完する制度として位置づけられる。正式な苦情処理制度として、総務省が各行政機関に関する苦情について必要なあっせんを行う（**行政相談**）ほか、苦情の申出を容易にするため民間人に委嘱する行政相談委員が全市町村におかれている（総務省設置法4条21号・22号、行政相談委員法）。総務省が行うあっせん・**勧告**は法的効果を持たないため、強制力に乏しいものの、苦情の対象が広い、申出期間に制限がない、手続も簡易であるといった利点がある。また我が国の行政相談制度は、単なる個別事案の処理にとどまらず、**行政評価・監視制度**との連携により、行政運営一般の改善につなげるところに特徴がある。他方で一部の地方公共団体によっては、外部の有識者に委嘱するなど、より独立性の高い**オンブズマン制度**を条例により導入しているところがある。同制度は一定の評価を得ているが、その多くが苦情処理を業務の中心とし、権限も勧告・**公表**にとどまっていることから、既存の苦情処理制度とどれだけの違いを出せるかが今後の課題である。

この他、**請願**（憲法16条）も行政活動を是正する方法としてあげられるが、請願を受けた機関は、**受理義務**はあっても、一定の措置をとる法的義務はないので（請願法5条参照）、必ずしも直接的な救済につながるものではない。ただ、その問題提起機能は無視し得ない。

行政活動の是正方法

■関連法条／行政不服審査法、行政事件訴訟法、行政相談委員法、憲法16条、請願法5条
●キーワード／行政争訟　苦情処理制度　事実上の行為　勧告　あっせん　公表　行政相談制度　オンブズマン制度　請願

【問題】行政活動の是正方法と苦情の処理に関する次の記述のうち、正しいものはどれか。

❶　行政不服申立ては、行政事件訴訟に比べ、簡易な手続で救済を受けられるが、その結果とられる決定・裁決には法的拘束力がないので、行政救済の手段としては、限界がある。
❷　国家賠償や損失補償も国民の権利・利益の救済を目的とするから、行政救済制度の一種といえる。
❸　自らの所管に属する業務といえども、法令上の根拠がなければ、行政上の苦情処理をすることはできない。
❹　行政相談委員は、総務省のもとに置かれた独立行政委員会の構成員であり、その任命には、両議院の同意が必要である。
❺　我が国でも、国及び一部の地方公共団体でオンブズマン制度が導入されている。

解説
❶　誤り。行政不服申立てに対する決定・裁決には法的拘束力がある。
❷　正しい。行政救済制度には、行政争訟と国家補償が含まれる。
❸　誤り。行政上の苦情処理は、職務遂行に伴う当然の業務であって、法令上の直接の根拠がなくとも、誠実に処理する責務がある。
❹　誤り。行政相談委員制度は、総務大臣が民間人に行政相談業務を委嘱するものであって、独立行政委員会とは異なる。また、その委嘱は総務大臣の判断のみで行うことができる（行政相談委員法2条）。
❺　誤り。国では、導入していない。スウェーデン発祥のオンブズマンは、議会に任命される中立的な行政監察機関であるが、我が国では、行政相談や、参議院行政監視委員会や衆議院決算行政監視委員会による不適正行政に対する苦情を内容とする請願（苦情請願）の審査制度がオンブズマン的機能を果たすと期待される。

【正解】❷

第7章 行政不服申立制度

　行政不服申立制度は、行政庁の違法又は不当な処分その他公権力の行使に対して国民が行政機関にその活動の是正や排除を求める仕組みである。この制度に関して定めた一般法が**行政不服審査法**である。同法1条1項は、「国民が**簡易迅速**かつ**公正な手続**の下で広く行政庁に対する不服申立てをすることができるための制度」と定めているが、これは行政事件訴訟と比較しての簡易迅速さと、審理における客観性・公正性の確保を両立させることを宣言したものである。同項の趣旨から、審査庁となる行政庁には審査請求が届いてから裁決をするまでの標準的な期間を定める努力義務が課せられている（16条：**標準審理期間**）ほか、**審理員制度**や**行政不服審査会**などの不服審査手続が定められている。

　不服申立ては、原則として**審査請求**に一本化されており、例外として**再調査の請求**、**再審査請求**が設けられている。なお異議申立ては平成26年度の法改正（平成28年4月1日施行）により廃止されている。まず審査請求とは、「行政庁の処分に不服のある者」（2条）が、処分を行った行政庁（**処分庁**）及び不作為に係る行政庁（**不作為庁**）又はその上級行政庁に行う不服申立て手続である（4条4号）。審査請求を審査判定する行政庁は**審査庁**と呼ばれ、その判定行為は**裁決**と呼ばれる。審査庁は、原則として当該処分庁等の最上級行政庁（4条4号）である（例外については4条1～3号参照）。次に再調査の請求とは、処分庁に対して行われ、それを受けて処分庁自身が簡易な手続で事実関係の再調査等の審査を行うもので、個別法律に規定がある場合にのみそれを行うことができる（5条）。再審査請求は、裁決又は処分に不服のある者が、個別の法律に規定がある場合にのみ、その法律が定めた行政庁に対して、再度審査請求を行うことができるものである（6条）。また審査請求の審査は審理員によって行われ（9条）、審査請求にかかる処分が違法又は不当である場合には、審査庁は、当該処分の全部又は一部を取り消し、又はこれを変更する裁決をする（46条1項）。

　取消訴訟との関係では、当事者が行政不服申立てをするか直ちに取消訴訟を提起するかについて自由に選択をすることができる（行訴法8条1項：**自由選択主義**）が、個別の法律で行政不服申立ての前置を義務づけている場合もある（国家公務員法など：**不服申立前置義務**）。

行政不服申立制度

■関連法条／旧訴願法、行政不服審査法
●キーワード／行政不服申立制度　行政不服審査法　簡易迅速かつ公正な手続　審理員制度　行政不服審査会　審査請求　再調査の請求　再審査請求　自由選択主義　不服申立前置義務

【問題】行政不服申立制度に関する次の記述のうち、正しいものはどれか。

❶　処分庁に上級行政庁がない場合の審査請求は、当該処分庁に対して行うことになる。
❷　審査請求を行った場合でも再調査の請求を行うことが可能である。
❸　不服申立人は、不服申立て手続において、審査請求を行うか再調査の請求を行うかを自由に選択することができる。
❹　処分についての裁決に不服がある場合、すべて再審査請求を行うことができる。
❺　審査庁が、ある不作為を違法又は不当であると裁決をし、一定の処分をすべきと認めても、不作為庁に何らかの処分をすることを義務付けるにとどまる。

解説

❶　正しい。審査請求は原則「最上級行政庁」とされるが、本設問のような場合には、例外が設けられている（4条1号参照）。
❷　誤り。現行法では審査請求は選択制であり、審査請求をしたときは再調査の請求をすることはできない（5条ただし書）。
❸　誤り。再調査の請求は、処分に係る要件事実の認定の当否にかかわる不服申立てが大量に行われるもので、国税通則法（75条1項1号のイ）、関税法（89条）といった個別法律に特別の定めがある場合のみ、例外的に認められている。
❹　誤り。再審査請求は、個別法律の特別の規定がある場合にのみ行うことができる（6条1項参照）。
❺　誤り。審査庁が上級行政庁であるときは当該不作為庁に対してその旨を命ずることとされ、また審査庁が不作為庁自身であるときは当該処分をすることと定められている（49条3項）。

【正解】　❶

第7章 行政不服申立ての要件

行政不服審査法が定める、不服申立ての要件は次の通りである。

① **適用対象**

行政不服審査法は、同法に定めた**適用除外**（7条）事項に該当する場合を除き、原則としてすべての行政庁の**処分又は不作為**について**不服申立て**をすることを認めている（1条1項、2条：**一般概括主義**）。「処分」（2条）とは、「行政庁の処分その他公権力の行使に当たる行為」（1条2項）であり、**継続的性質を有する**権力的事実行為も含まれる（47条参照）。また「不作為」とは相当の期間が経過したにもかかわらず「法令に基づく申請に対して何らの処分をもしないこと」（3条）である。

② **資格**

不服申立人適格は「行政庁の処分に不服のある者」（2条）と定められている。判例によると、「当該処分について不服申立をする法律上の利益がある者、すなわち、当該処分により自己の権利若しくは**法律上保護された利益**を侵害され又は必然的に侵害されるおそれのある者」（最判昭和53年3月14日）である。なお不作為の不服申立てをできるのは、「法令に基づき行政庁に対して処分についての申請をした者」である（3条）。

③ **期間**

行政不服申立てには期間の制限がある。まず審査請求は、正当な理由があるときを除いて、処分があったことを知った日の翌日から起算して3か月（再調査の請求をした場合は、決定又は裁決があったことを知った日の翌日から起算して1か月）を経過したときは行うことができない（18条1項：**主観的請求期間**）。他方で、処分があったことを知らないままいつでも申立てができるのは法的安定性を害する。そこで、正当な理由があるときは除いて、処分（再調査の請求の場合は、当該再調査の請求の決定）の日の翌日から起算して1年を経過したときは審査請求をすることができないとされている。（同条2項：**客観的請求期間**）。

④ **形式**

不服申立ての形式は、原則として必要な事項を記載した**審査請求書**と呼ばれる書面を提出して行わなければならない。ただし他の法律又は条例に特別な規定がある場合は、口頭でも行うことができる（19条）。

■関連法条／行政不服審査法
●キーワード／処分　継続的性質を有する権力的事実行為　不作為　適用除外　不服申立人適格　法律上保護された利益　主観的請求期間　客観的請求期間　審査請求書

【問題】行政不服審査法に関する次の記述のうち、正しいものはどれか。

❶　行政不服申立ての適用対象には、行政指導が含まれる。
❷　行政事件訴訟法上の取消訴訟の場合と比較して、行政不服審査法における不服申立人の適格性は、広く解されている。
❸　審査請求の期間については、処分があったことを知った日の翌日から起算して3か月以上経過した場合のほか、天災その他やむをえない理由があるときに限って例外的に請求が認められている。
❹　学校、講習所、訓練所又は研修所において、教育、講習、訓練又は研修の目的で、学生、生徒などに対してなされた処分に対しても不服申立てが可能である。
❺　不作為に係る申請から相当の期間が経過しないでされた不作為の審査請求は却下される。

> 解説

❶　誤り。行政指導は処分ではない（行政手続法2条6号）ため、原則として行政不服審査法に基づく不服申立てを行なうことはできない。ただし、行政指導の相手方は、法律に規定する要件に適合しない行政指導が行われたと思われる場合に、当該行政機関に対して行政指導の中止等の申出をすることが認められている（同法36条の2）。
❷　誤り。判例では取消訴訟の原告適格と不服申立人の適格性は「法律上保護された利益」であり、同一とされる（最判昭和53年3月14日）。
❸　誤り。やむをえない理由よりも緩やかに認められる「正当な理由」がある場合に請求が認められる（18条1項）。
❹　誤り。適用除外事項にあたる（7条1項8号）。他にも刑事事件に関する法令に基づき検察官がする処分なども適用除外となる（同6号）。
❺　正しい（49条1項）。

【正解　❺】

第7章 不服審査の諸手続と教示制度

行政不服申立て等

　行政不服審査法に基づく審査請求の審査は、原則として**審理員**により主宰される。審理員は、「審査庁に所属する職員」で審査庁の指揮監督下におかれるが、審査請求の対象となる処分や不作為に関与した者などは除外される（9条）。また審査庁は、審理員となるべき者の名簿を作成する努力義務が課せられている（17条）。審理は原則として書面で行われる（**書面審理中心主義**）が、審査請求人又は参加人から意見陳述の申立てがあった場合、その機会を与えなければならない（31条1項）。「審査請求は、処分の効力、処分の執行又は手続の続行を妨げない」（25条1項）が、審理員は必要な場合に、審査庁に対して**執行停止**をすべき旨の意見書を提出でき（40条）、その場合に審査庁は速やかに執行停止するかどうかを決定しなければならない（25条7項）。審理員は、審理手続を終えたときに、**審理員意見書**を作成し、事件記録と共に審査庁に提出する（42条）。

　審査庁は、**審理員意見書**の提出を受け、審査庁が「大臣・長官」である場合には、原則として総務省設置の**行政不服審査会**に諮問しなければならない（43条1項）。同審査会の委員は9名で3名ずつ部会を構成する。審査会からの答申を受けた審査庁は、その答申書と異なる裁決を行う場合、その理由を示さなければならない（50条1項4号）。この諮問制度により第三者の視点で審査庁の判断の妥当性をチェックすることで、審査手続や裁決の質（公平性や客観性）の向上が期待されている。

　また行政不服審査制度には、**教示制度**が設けられており、行政庁は、不服申立てが可能な処分をする相手方に対し、当該処分について不服申立てができるかどうか、それをすべき行政庁、不服申立てが可能な期間などについて書面で教示しなければならない（82条1項）。利害関係人から教示を求められた場合にもそれを行う義務がある（82条2項、3項）。行政庁が教示を怠った場合、処分について不服がある者は処分庁に不服申立書を提出することができ、初めからその処分庁に審査請求又は当該法令に基づく不服申立てがされたとみなされる（83条1項、5項）。他方で審査請求をすべきでない行政庁が教示され、その行政庁に審査請求がなされた場合、その行政庁は、速やかに審査請求書を処分庁又は審査庁となるべき行政庁に送付し、それを審査請求人に通知しなければならない（22条1項）。

不服審査の諸手続と教示制度

■関係法条／行政不服審査法 9、17、22、31、40、42、43、50、55、82、83条

●キーワード／教示制度　審理員　書面審理中心主義　執行停止　審理員意見書　行政不服審査会

【問題】行政不服審査の審理・諮問・教示制度に関係する次の記述のうち、正しいものはどれか。

❶ 審査請求人は口頭意見陳述の機会を与えられるが、当人が刑務所などに収監され当分出所の見込みがないような場合はその限りではない。
❷ 教示制度は、不服申立て制度を一般国民にも利用しやすくするための行政サービスであるから、行政庁が教示をしなかった場合の法的救済方法は規定されていない。
❸ 審査庁は審査請求があった場合にかならず審理員を指名しなければならない。
❹ 要件に該当する裁決・決定はすべて行政不服審査会の諮問に付される。
❺ 行政不服審査会の答申には法的拘束力がある。

解説

❶ 正しい。現行法は「当該申立人の所在その他の事情」により意見陳述が困難である場合はこの限りでないと規定している（31条1項ただし書）。
❷ 誤り。行政庁が教示義務を怠った場合は不服申立てによる救済がある（83条）。
❸ 誤り。9条1項の各号に定められた委員会又は機関が審査庁である場合と、条例に基づく処分について条例に特別の定めがある場合、さらに24条の規定に従い請求を却下する場合にはその必要がない。
❹ 誤り。審査請求人がそれを希望しない場合にはその限りでない（43条1項4号）。また国税不服審判所や労働保険審査会など第三者機関が関与する事項は扱わない（67条1項1号・2号）。
❺ 誤り。審査庁が、答申書と異なる裁決をする場合、その理由を示さなければならないが、法的な拘束力があるわけではない。　【正解　❶】

第7章 行政審判

行政不服申立て等

　行政審判とは、通常の行政機関から独立した**行政委員会**又はそれに準ずる機関が、**準司法的手続**により決定を行う作用をいう。実定法の定めのあるものとしては、公害等調整委員会の裁定（鉱業等に係る土地利用の調整手続等に関する法律52条）、海難審判所の審判（海難審判法30条以下）などをあげることができる。ここにあげた行政審判は、実質的な第一審の裁判として位置づけられており、法律により、審判に不服がある場合の第一審裁判管轄権は東京高等裁判所に属するものとされる（海難審判法44条1項など）。

　一般に、行政審判を行う機関には、その準司法的機能をはかるため、**職権行使の独立**（海難審判法13条など）や構成員の**身分保障**（公害等調整委員会設置法9条など）が定められている場合が多い。また、審判手続は、公開の場による**口頭弁論**の機会など司法手続に準じた手続が保障されている。

　また、上記、公害等調整委員会の裁定のほか、電波監理審議会の認定（電波法99条）には、**実質的証拠法則**が採用されている。これは、行政審判でした事実認定にそれを立証する実質的な証拠がある限り、裁判所がこれに拘束される原則である。アメリカにおいて判例上形成されてきた法理で、**専門技術的判断**に優れた**行政委員会**による、**準司法的手続**に従った事実認定については、裁判所が審査し直してもかえって公正を害するおそれがあるという考え方に立脚している。これによって、裁判所は、当該実質的証拠があるか否かの点に、事実に関する審理権が限定され（最判昭和50年7月10日）、裁判段階で新たな事実を主張したり、証拠を提出したりすることはできないので、裁判所は新たな証拠調べを拒絶しなければならない（最判昭和43年12月24日）。

　実質的証拠法則をわが国で導入することに対しては、行政庁に最終判断権を与えることになるとして、**司法権の独立**を定めた憲法76条違反を主張する説もあるが、裁判所が、事実認定に実質的証拠があるか否かを審査できることなどを理由に合憲とする立場が一般的である。ただ、実定法の根拠なしに、海難審判のような他の行政審判にも、実質的証拠法則を適用することは許容されない（最判昭和47年4月21日）。

■関連法条／憲法76条：鉱業等に係る土地利用の調整手続等に関する法律、海難審判法、電波法など
●キーワード／行政委員会　準司法作用　職権行使の独立　身分保障　口頭弁論　実質的証拠法則　司法権の独立

【問題】行政審判に関する次の記述のうち、正しいものはどれか。

❶　行政審判制度は、準司法手続により決定を行う裁断作用をいい、すべての独立行政委員会が行っている。
❷　行政審判の中には、特定の事項について、終審として裁判することができ、司法裁判所に上訴することができないものがある。
❸　行政審判は、実質的な第一審であるから、審判に不服がある場合の訴訟は当然に高等裁判所が管轄する。
❹　実質的証拠法則は、専門技術性の高い行政委員会等による準司法的な行政審判における法理であるが、明文の規定がないと認められない。
❺　我が国における行政審判制度は、アメリカにおいて発達した独立規制委員会制度にならって設けられたものであり、戦前にはまったく見られないものであった。

解説
❶　誤り。すべての独立行政委員会が、行政審判を行うわけではない。通常の行政機関内部に置かれた機関が、独立行政委員会に準ずる機関として行政審判を行う場合もある（電波監理審議会、特許審判官など）。
❷　誤り。行政機関が終審として裁判をすることはできない（憲法76条2項後段）。
❸　誤り。審級の省略は、法律の明文の規定がないと認められない。
❹　正しい。実質的証拠法則は、アメリカの判例法理であるが、わが国では、法律の根拠が必要となる。
❺　誤り。海難審判法に基づく海難審判、特許法に基づく特許審判は、沿革的には、それらの原型となる制度が戦前から存在していた（海員審問手続（明治9年）、特許庁による特許無効審判（明治21年）など）。

【正解】　❹

(実質的証拠法則について)
・高等海難審判庁裁決の取消訴訟：最判昭和47年4月21日民集26巻3号567頁
・第一次育児用粉ミルク（和光堂）事件：最判昭和50年7月10日民集29巻6号888頁

新要点演習
行政法

第8章

行政事件訴訟

- （概観）
- 行政事件訴訟法
- 行政事件訴訟の類型
- 取消訴訟の対象
- 取消訴訟の原告適格
- 執行停止
- 事情判決
- 客観訴訟

- 判例チェック

第8章 行政事件訴訟

（概観）

1 行政事件訴訟と行政事件訴訟法

　行政事件訴訟は、行政争訟のうち、行政庁の権限行使に対する国民の不服、その他行政法規の適用に関する紛争を処理する裁判手続をいう。行政事件訴訟法は、行政事件訴訟全般の統一的な手続を定めた基本法である。

　行政事件は、民事事件・刑事事件に対する概念であり、とくに行政裁判制度をとる国家においては、民事事件を司法裁判所が、行政事件を行政裁判所が管轄するので、民事事件と行政事件との区別は重要である。しかしながら、我が国の現行法は、行政事件も司法裁判所の管轄に服させているので、両者の区別は、裁判管轄を決定するという点では意味がない。とはいえ、民事事件は民事訴訟法に従って審理されるのに対し、行政事件の審理については行政事件訴訟法の適用があるので、なお、訴訟手続の上で両者を区別する意義がある。

2 行政事件訴訟の類型

　行政事件訴訟法上の訴訟類型として、抗告訴訟、当事者訴訟、民衆訴訟、機関訴訟の4種がある（2条）。抗告訴訟とは、行政庁の公権力の行使に関する不服の訴訟をいう（3条）。当事者訴訟とは、当事者間の法律関係を確認し又は形成する処分又は裁決に関する訴訟で法令の規定によりその法律関係の当事者の一方を被告とするもの（形式的当事者訴訟）及び公法上の法律関係に関する訴訟（実質的当事者訴訟）をいう（4条）。民衆訴訟とは、国又は公共団体の機関の法規に適合しない行為の是正を求める訴訟で、選挙人たる資格その他自己の法律上の利益にかかわらない資格で提起するものをいう（5条）。機関訴訟とは、国又は公共団体の機関相互間における権限の存否又はその行使に関する紛争についての訴訟をいう（6条）。

3 平成16年法改正の概要

　司法制度改革関連法の一つとして、行政事件訴訟法の一部を改正する法律が平成16年6月に成立し、平成17年4月1日に施行された。

(1) 救済範囲の拡大

　新たな抗告訴訟の類型として、「義務付けの訴え」（3条6項・37条の2・37条の3）及び「差止めの訴え」（3条7項・37条の4）が法定され

た。

また、当事者訴訟の類型として「公法上の法律関係に関する確認の訴え」が例示された（4条）。原告適格については、当該法令の趣旨・目的、当該処分において考慮されるべき利益の内容・性質を考慮すべき旨が規定された（9条2項）。

(2) 行政訴訟の利便性向上

取消訴訟については、被告適格が行政庁から、原則として処分庁の属する国又は地方公共団体に改められ、処分又は裁決をした行政庁を明らかにする手続が定められた（11条）。また、国を被告とする取消訴訟は、原告住所地を管轄する高等裁判所所在地の地方裁判所にも訴えを提起できるようになった（12条）。さらに、出訴期間が6ヶ月に延長され、この期間を経過したときでも、正当な理由があるときは、訴えを提起ができるものとし（14条1項）、審査請求があった場合の出訴期間の起算日の規定も改められた（3項）。当事者訴訟についても、正当な理由があれば、出訴期間を経過した後であっても、提起できるものとされた（40条1項）。

さらに、取消訴訟に関する教示制度も新設された（46条）。

(3) 審理の充実

裁判所が、釈明処分（民事訴訟法151条）として、訴訟関係を明瞭にするため、必要があると認めるときは、行政庁に対し、裁決の記録や処分の理由を明らかにすることができる制度が新設された（23条の2）。

(4) 仮の救済制度の整備

執行停止要件の「回復の困難な損害」を「重大な損害」に改め、その判断に当たっては、損害の回復の困難の程度を考慮するものとし、損害の性質・程度、処分の内容・性質をも勘案することとされた（25条2項）。

また、義務付け又は差止めの訴えが提起された場合、現状によって生ずる償うことのできない損害を避けるため緊急の必要があり、かつ、本案について理由があると見えるときは、裁判所は、申立てにより、決定をもって、仮の義務付け又は仮の差止めを命ずることができる制度が新設された（37条の5）。

第8章 行政事件訴訟法

　行政事件訴訟法は、**行政事件訴訟**に関する**基本法**である。行政庁の公権力の行使に関する不服その他公法上の法律関係に関する訴訟事件を行政事件といい、行政事件を処理する裁判手続を行政事件訴訟という。

　明治憲法下の体制では、大陸法系の裁判制度の影響を受け、行政事件は**行政裁判所**が扱うものとされ、通常裁判所は管轄外とされていた（明治憲法61条）。しかし、行政裁判所は、一審にして終審の**特別裁判所**であり、一切上訴の機会が認められていなかったばかりか、出訴事項もわずか5項目に限定されており、個別法で認められない限り、国民が行政事件を争う方途は他に存在せず、国民の権利保護の観点からすれば、極めて不完全であった。これに対し、現行憲法は、アメリカの**司法国家思想**の影響を受け、すべての司法権を最高裁判所以下の通常裁判所に属させ（76条1項）、この系列から外れる特別裁判所の設置を禁止した（同2項）。これにより、司法裁判所が行政事件も扱う体制が作られた。ただ、行政事件を通常の私人間の紛争たる民事事件と同じ訴訟手続で扱うことについての問題点が指摘されるようになり、昭和22年に「日本国憲法の施行に伴う民事訴訟法の応急的措置に関する法律」が施行され、6か月の出訴期間が特例として定められ、次いで、昭和23年に**行政事件訴訟特例法**が民事訴訟法の**特例法**として制定された。この法律は、民事訴訟法を行政事件訴訟にも適用するという建前に立ちながら、「行政庁の違法な処分の取消又は変更に係る訴訟」と「公法上の権利関係に関する訴訟」について、その必要最小限の特例を定めていた。しかし、この法律は規定内容が不十分であったため、これに関連する判例・学説の蓄積を明文化する形で、昭和37年に現行の**行政事件訴訟法**が制定されることとなった。

　行政事件訴訟法は、特例法の内容を基盤としているが、民事訴訟法の特例法としてではなく、行政事件訴訟独自の基本法を志向しているとされる。すなわち、立案者の説明によれば、この法律に定めのない事項が、「民事訴訟の例による」（7条）と規定されているのは、直ちに民事訴訟法の該当規定を適用するのではなく、行政事件の性質に反しない限りその規定を適用し、抵触する場合は、判例・学説等によって、行政事件訴訟独自の法原理が展開されることが期待されているのである。

■関連法条／憲法76条、行政事件訴訟法
●キーワード／行政事件　民事事件　行政裁判所　特別裁判所　通常裁判所　司法国家思想

【問題】行政事件訴訟法に関する次の記述のうち、正しいものはどれか。

❶ 我が国において、行政事件を専属的に扱う行政裁判所が設置されたことはない。
❷ 行政事件には、行政事件訴訟法が適用され、民事訴訟法の規定が適用される余地はない。
❸ 戦後、我が国では、アメリカの司法国家思想が採り入れられたが、訴訟手続については従来の行政裁判制度の理論がそのまま残った。
❹ 明治憲法下では、行政裁判所への出訴事項が限定され、それ以外の行政事件については、通常裁判所の管轄とされていた。
❺ 現行の行政事件訴訟法は、日本国憲法の理念を受け、昭和23年に制定された。

解説

❶ 誤り。我が国では、明治憲法61条が行政裁判所の設置を規定していた。現憲法は、行政事件も司法裁判所の管轄とし、行政裁判所を認めていない。ただし、行政機関が終審でない裁判をすることは許される（76条2項）。
❷ 誤り。行政事件訴訟法は、完結した法典ではなく、「この法律に定めのない事項は、民事訴訟の例による」としている（7条）。
❸ 正しい。組織面では、徹底した司法国家体制が取り入れられたが、手続面では、従来の理論がそのまま用いられることになり、極めてユニークな、独自の法制度が見られる結果になったのである。
❹ 誤り。通常裁判所は行政事件を管轄しないとされていた。行政裁判所へ出訴できない事件については、訴訟上、争うことができなかった。
❺ 誤り。現行法は、昭和37年に制定された。それまでは、行政事件訴訟特例法が適用され、その間の判例・学説の蓄積が、現行法に反映された。

【正解　❸】

第8章 行政事件訴訟の類型

行政事件訴訟法は、主観訴訟に属する**抗告訴訟**および**当事者訴訟**、客観訴訟に属する**民衆訴訟**、**機関訴訟**に分類される（2条）。

抗告訴訟とは、行政庁の公権力の行使に関する不服の訴訟をいう（3条1項）。行政事件訴訟法では、抗告訴訟の形式として、処分の取消しの訴え、裁決の取消しの訴え、無効等確認の訴えなど（法定抗告訴訟）を掲げるが、前二者を**取消訴訟**と呼び、これに関する手続を中心に規定を置く。ただ、抗告訴訟はこれらに限定されるものではなく、行政庁の公権力の行使に関する不服の訴訟であれば、抗告訴訟として成立する可能性がある（**無名抗告訴訟**）。取消訴訟は、公定力を有する処分又は裁決の効力を取り消すことを目的とするが、これを提起できるのは、「法律上の利益を有する者」（9条）に限定され、出訴期間に制限が設けられている（14条）。また、行政庁の処分に対して、不服申立てができる場合であっても、法律に特段の定めがない限り、直ちに取消訴訟を提起しても構わない（8条：自由選択主義）。不服申立てと訴訟を同時に提起することもできるが、この場合、裁判所は、不服申立てに対する裁決があるか、不服申立てから3か月経過するまで、訴訟手続を中止できる（8条3項）。

当事者訴訟とは、当事者間の法律関係を確認し又は形成する処分又は裁決に関する訴訟で、法令の規定によりその法律関係の当事者の一方を被告とするもの（形式的当事者訴訟）及び公法上の法律関係に関する訴訟（実質的当事者訴訟）をいう（4条）。前者は、損失補償関係の訴訟に例が多く、後者は、公務員の給与請求訴訟などがこれにあたるとされる。

民衆訴訟とは、国又は公共団体の機関の法規に適合しない行為の是正を求める訴訟で、自己の法律上の利益にかかわらない資格で提起するものをいう（5条）。選挙訴訟（公職選挙法203条など）や住民訴訟（地方自治法242条の2）がこれにあたる。

機関訴訟とは、国又は公共団体の機関相互間における権限の存否又はその行使に関する紛争についての訴訟をいう（6条）。地方公共団体の議会と長との間の争訟（地方自治法176条7項）や地方公共団体に対する国等の関与に関する紛争処理制度（同法251条の5・252条）などがある。

なおこれら客観訴訟に属するものは、自己の権利にかかわらない訴訟であるため、法律に規定がなければ提起できない（42条）。

■関連法条／行政事件訴訟法2～6条：公職選挙法203条、地方自治法242条の2・176条7項・251条の5・252条など
●キーワード／抗告訴訟　取消訴訟　無名抗告訴訟　当事者訴訟　民衆訴訟　選挙訴訟　住民訴訟　機関訴訟　客観訴訟

【問題】行政事件訴訟法上の訴訟類型に関する次の記述のうち、正しいものはどれか。

❶　民衆訴訟は、客観訴訟であり、法律で特に認められた場合でなければ、提起することができない。
❷　行政庁の処分に不服がある場合、原則として、行政上の不服申立て手続を経た後に、取消訴訟を提起しなければならない。
❸　抗告訴訟は、行政事件訴訟法3条に規定された訴訟類型に限定される。
❹　実質的当事者訴訟は、議員の地位確認といった公法規定の適用が基本的争点となるので、民事訴訟法の適用の余地がほとんどない。
❺　不服申立てを経なければ取消訴訟を提起できないとすることは、国民の裁判を受ける権利を侵害するから、許されない。

解説

❶　正しい。客観訴訟とは、法秩序の客観的適正を保障して、公益を保護するために認められる訴訟のことをいう。法律が特に認める場合に限り、その定める要件に該当する者だけが提起できる（42条）。
❷　誤り。旧来は、不服申立てを経るべきとする訴願前置主義が採用されていたが、現行法上は、自由選択主義が採られている（8条）。
❸　誤り。行政庁の公権力の行使に関する不服の訴訟（3条1項）であれば、無名（法定外）抗告訴訟も認めうる。
❹　誤り。実質的当事者訴訟も行政庁の権限行使に関する争いではなく、公法上の権利関係が対象となり、形式的当事者訴訟と同様ほぼ民事訴訟と同じ性質をもつので、原則として民事訴訟の例による（7条）。
❺　誤り。このような審査請求前置主義（8条1項ただし書）は、実際、多くの法律で採用されている。ただし、同条2項も参照。

【正解】　❶

取消訴訟の対象

第8章 行政事件訴訟

　取消訴訟は、行政庁の処分その他公権力の行使に当たる行為（処分）、または審査請求その他の不服申立てに対する行政庁の裁決、決定その他の行為の取消しを求める訴訟である。ここでいう処分は、ほぼ講学上の「**行政行為**」に該当するが、公権力の行使にあたる事実上の行為で、人の収容、物の留置その他その内容が継続的性質を有するものも含まれると解される。ある行政の行為が、取消訴訟の対象となることが**訴訟要件**の一つ（**処分性の要件**）となっており、処分性が認められるか否かは重要な論点といえる。

　最高裁は、取消訴訟の対象となる処分について、「行政庁の法令に基づく行為のすべてを意味するものではなく、公権力の主体たる国または公共団体が行う行為のうち、その行為によって、直接国民の権利義務を形成しまたはその範囲を確定することが法律上認められているもの」としている（最判昭和39年10月29日）。こうした観点から、例えば、ごみ焼却場設置行為について、一連の流れを個別に検討し、土地の買収や建設会社との請負契約は**私法上の契約**、設置計画案の策定や議会での議決は**内部的行為**、建築等の設置行為は単なる**事実行為**であり、処分性がないとする（前掲最判）。**行政指導**に関しても、それ自体において直接の法的効果を生ずるものではなく、処分性は認められない（最判昭和38年6月4日）。**通達**も、その内容が「国民の権利義務に重大なかかわりをもつようなものである場合においても」、国民に対する法的効果を有しないので、処分性が否定される（最判昭和43年12月24日）。当時の運輸大臣が日本鉄道建設公団にした認可が、上級庁による下級庁への監督手段とされ、行政の内部的行為として処分性を否定した事例もある（最判昭和53年12月8日）。ただし、旧関税定率法21条3項による税関長の通知（現関税法69条の11）は、**観念の通知**であるが、法律の規定に準拠してなされたものであり、それにより輸入申告者は当該貨物を適法に輸入する道を閉ざされたといえるので、処分性が認められる（最判昭和54年12月25日）。

　また、行政計画段階での**成熟性・処分性**を認めた判例（最大判平成20年9月10日）の射程は、都市計画法に基づく用途指定のように、後継の手続行為を予定しない「**完結型**」の計画や（最判昭和57年4月22日）、後の段階での実効的な権利救済が可能なものには及ばないと解される。

取消訴訟の対象

■関連法条／行政事件訴訟法3条2項、行政不服審査法2条1項
●キーワード／処分性　成熟性　完結型計画

【問題】抗告訴訟の対象に関する次の記述のうち、正しいものはどれか。

❶　墓地の管理者が埋葬の求めを拒むことができる「正当な理由」について解釈を変更する通達は、抗告訴訟の対象となる処分にあたる。
❷　国の普通財産の売払許可処分は、私法上の売買と異なり、国有財産法に基づく権力作用であるから、抗告訴訟の対象となる処分にあたる。
❸　市の保育所を廃止する条例の制定行為は、他の処分を待つことなく、利用者の法的地位を奪うことになるから、処分性を有する。
❹　道路交通法に基づく警察本部長の反則金納付通告は、反則者に反則金納付を義務付けるものであり、抗告訴訟の対象となる処分にあたる。
❺　公務員の採用内定の通知は、職員の身分取得に向けた法的効果を有する行為であり、これの取消行為は抗告訴訟の対象となる処分にあたる。

解説

❶　誤り。通達は、原則として法規性をもつものではなく、行政組織内部の規範にすぎないから、処分性はない（最判昭和43年12月24日）。
❷　誤り。国有財産の払い下げは、申請・許可の形式をとっているが、私法上の売買と解されている（最判昭和35年7月12日）。
❸　正しい。最判平成21年11月26日。条例制定行為は一般に処分性を有しないのが原則であるが（最判平成18年7月14日）、本件は法的影響の及ぶ範囲が個別具体的であり、処分性が認められた。
❹　誤り。交通反則通告（道路交通法127条）は、反則金を納付すれば刑事訴追をされないというにとどまるものであり、反則金の納付を義務付けるものではない（最判昭和57年7月15日）。
❺　誤り。職員の採用内定は、準備手続としての事実上の行為にすぎないから、正当な理由なくそれが取り消されても、内定取消行為の取消を訴求することはできない（最判昭和57年5月27日）。

【正解】　❸

第8章 取消訴訟の原告適格

行政事件訴訟

　取消訴訟を提起できる者は、処分の取消につき**「法律上の利益」**を有する者でなければならない（9条1項）。

　従来より判例は、この「法律上の利益」を有する者について、「当該処分により自己の権利若しくは法律上保護された利益を侵害され又は必然的に侵害されるおそれのある者をいう」（最判平成元年2月17日）とする立場（**法律上保護された利益説**）をとり、取消訴訟の原告適格と不服申立ての適格をほぼ同義に解している（最判昭和53年3月14日）。この判断は、行政の処分によって侵害されている利益が、実定法の保護している利益なのか、それとも単なる反射的利益なのかを、法の趣旨に照らして解釈し、**原告適格**の有無を決するものである。例えば、公衆浴場法の距離制限規定によって保護されるべき業者の営業上の利益が、「単なる事実上の**反射的利益**というにとどまらず公衆浴場法によって保護せられる法的利益と解するを相当」として、既設業者への原告適格を認めるもの（最判昭和37年1月19日）や、文化財保護法98条2項に基づく文化財保護条例上の史跡の指定解除処分について、同遺跡を学術研究対象とする者に対して特段の配慮をすべき規定が存しないとし、研究者の原告適格を否定するもの（最判平成元年6月20日）などがある。

　学説には、原告が現実に受ける不利益の性質、程度など被害の実態に着目し、実生活上の不利益が裁判上の保護に値するかどうかを判断し、判例よりも広く原告適格を認める立場（**法的保護に値する利益説**）があるが、近年の判例は、「法律上保護された利益説」に立ちながら、被害の程度と利害関係者の確定を考慮し、根拠法条だけでなく、法体系全体の趣旨を斟酌した解釈をし、原告適格を緩和する傾向にあり、両説の区別は相対化しているといわれる（最判平成4年9月22日など）。

　そうした中、最高裁は、法律上の利益の判断に当たって平成16年改正により付け加えられた規定（9条2項）の考え方を取り入れ、都市計画事業の事業認可に関する取消訴訟において、これまで事業地内に不動産の権利を有する者にのみ認めてきた原告適格を、東京都環境評価条例の対象とする周辺住民にも認めている（最判平成17年12月7日）。

取消訴訟の原告適格

■関連法条／行政事件訴訟法９条
●キーワード／原告適格　法律上保護された利益　反射的利益　法的保護に値する利益

【問題】原告適格に関する次の記述のうち、正しいものはどれか。

❶　取消訴訟の原告適格は、行政不服申立ての適格と比べ、厳格に解されている。
❷　自転車競技法に基づく場外車券発売施設の設置許可処分に関し、一定範囲内のすべての付近住民の原告適格が認められる。
❸　行政事件訴訟法は、取消訴訟以外の訴訟について、原告適格の規定を置いていない。
❹　取消判決が確定した後でも、訴訟に参加できなかった第三者が、その判決に対する再審の訴えを提起する余地がある。
❺　取消訴訟の原告適格とは、処分が取り消されたときに現実に法律上の利益の回復が図られるか否かという問題である。

解説

❶　誤り。判例は、取消訴訟の原告適格と不服申立ての適格をほぼ同義に解している（最判昭和53年3月14日）。
❷　誤り。「周辺環境基準」より個別利益を法令解釈として導けないため周辺居住者の原告適格は認められなかった。ただし「位置基準」を根拠に、事業に著しい支障が生ずる医療施設等の開設者の原告適格は認められた（最判平成21年10月15日）。
❸　誤り。無効等確認の訴え（36条）、不作為の違法確認の訴え（37条）、義務付けの訴え（37条の2第3項・37条の3第2項）、差止めの訴え（37条の4第3項）にも規定がある。
❹　正しい。取消判決の効力（形成力）は、第三者にも及ぶ（32条）ので、自己の責めに帰することができない理由によって、訴訟に参加することができなかった第三者は、再審の訴えをすることができるとされている（34条）。
❺　誤り。いわゆる狭義の訴えの利益の説明である。原告適格の問題は、どのような者が取消訴訟の原告となりうるかという問題である。

【正解】❹

第8章 執行停止

行政事件訴訟法は、「処分の取消しの訴えの提起は、処分の効力、処分の執行又は手続の続行を妨げない」（25条1項）として、**執行不停止原則**を採用する。これは、**濫訴**による行政の停滞を防止する趣旨であり、**民事保全法**に規定する**仮処分**も許されない（44条）。ただ、この原則を貫くと、せっかく原告が勝訴しても、訴訟係属中の損害により、十分な権利救済が受けられなくなるおそれが生じる。

そこで、法は、「重大な損害を避けるため緊急の必要があるとき」に、裁判所が、原告の申立てにより、決定をもって、処分の効力、処分の執行又は手続の続行の全部又は一部の停止（**執行停止**）ができるものとした（25条2項）。このうち、処分の効力停止は、最も強い措置であるから、処分の執行又は手続の続行の停止によって目的が達成できない場合にのみ許される（同項ただし書）。裁判所が「重大な損害」の判断をする際には、「損害の回復の困難の程度を考慮するものとし、損害の性質及び程度並びに処分の内容及び性質をも勘案するもの」とされる（3項）。また、**公共の福祉**に重大な影響を及ぼすおそれがある場合や**本案**について理由がないとみえるときは執行停止をすることができない（4項）。

執行停止の申立て又は執行停止の決定があった場合には、**内閣総理大臣**は、裁判所に対し、理由を附して、**異議**を述べることができる（27条1項・2項）。異議があったとき、裁判所は、執行停止をすることができず、また、すでになされた執行停止の決定を、取り消さなければならない（4項）。異議を述べることができるのは、執行停止が公共の福祉に重大な影響を及ぼすおそれのある（3項）場合でなければならず、また、異議を述べたときは、次の常会において国会に報告しなければならない（6項）。なお、これは、「仮の義務付け」及び「仮の差止め」についても、異議の制度が準用される（37条の5第4項）

一般に、25条は本来的な行政作用である執行停止権限を司法権に委譲したものであるなどとして、27条の内閣総理大臣の異議の制度は合憲とされるが（東京地判昭和44年9月26日参照）、**裁判官職権行使の独立**（憲法76条）や**裁判を受ける権利**（同82条）を侵害するものとして、違憲とする立場も有力である。

執行停止

■関連法条／憲法76条・82条、行政事件訴訟法25～29条
●キーワード／執行不停止原則　仮処分　処分の効力　処分の執行手続の続行　内閣総理大臣の異議　裁判官職権行使の独立　裁判を受ける権利

【問題】執行停止に関する次の記述のうち、正しいものはどれか。

❶　執行停止は、すでになされた侵害的処分の執行・効力又はそれを前提とする手続の続行の停止に限られる。
❷　処分の執行停止の決定に対する内閣総理大臣の異議について、裁判所は、正当な理由がないと認める場合は、これを棄却することができる。
❸　検察審査会法41条の6第1項に基づく検察審査会の起訴議決について、行訴法25条2項による執行停止の申立てをすることができる。
❹　執行停止の決定は、内閣総理大臣の異議があった場合にのみ取り消される。
❺　執行停止は、民事保全法の仮処分に代わる措置であり、取消訴訟が提起されていなくても申し立てることができる。

解説

❶　正しい。執行停止によって、新規の許認可申請に対する拒否処分に対し、積極的に仮の地位を定めるような保全措置を行うことはできない。
❷　誤り。裁判所は、内閣総理大臣の異議の理由を判断する権限を有しない。あとは、報告を受けた国会が、政治責任を問うかどうか判断するのみである。
❸　誤り。検察審査会による起訴議決の適否は、刑事訴訟手続において判断されるべきものであり、行政事件訴訟を提起して争うことはできず、執行停止の申立てもすることはできない（最決平成22年11月25日）。
❹　誤り。執行停止の理由が消滅し、そのた事情の変更が生じたときは、裁判所は相手方の申立てにより、決定をもって、執行停止の決定を取り消すことができる（26条1項）。
❺　誤り。執行停止は、本案たる取消訴訟に付随する手続であるから、取消訴訟の提起なしに申し立てることはできない。

【正解】❶

第8章 事情判決

行政事件訴訟

取消訴訟において、争われている処分又は裁決が違法であれば取り消されるのが原則であるが、行政事件訴訟法は、特別の事情があるときは、取り消さない判決をすることができるとしている（31条）。これを**事情判決**という。違法状態は除去されるべきであるが、当該処分又は裁決を前提に積み重ねられた既成事実・法律関係が生じている場合、その状態を保護することも法的な価値ととらえるのである。処分又は裁決を「取り消すことにより、公の利益に著しい障害を生ずる場合において、原告の受ける損害の程度、その損害の賠償又は防止の程度及び方法その他一切の事情を考慮したうえ、処分又は裁決を取り消すことが公共の福祉に適合しないと認めるときは」、裁判所は事情判決をすることができ、原告は請求を棄却される。土地改良法に基づく土地改良区の設立認可が違法であっても、巨額の費用を投じ、工事及び区画整理の実施を終わり、多数の組合員がすでに事業の恩恵を受けているような場合がその例である（最判昭和33年7月25日）。事情判決の際、判決の**主文**で、当該処分又は裁決が違法であることを宣言しなければならない（1項）。この**違法宣言**により、原告は被告に対し損害を防止するための施設の設置その他損害の補償に関する措置を請求することができる。また、裁判所は、相当と認めるときは、**終局判決前**に、判決をもって、処分又は裁決が違法であること宣言できる（2項）。

民衆訴訟である**選挙訴訟・当選訴訟**（公職選挙法203条、204条、207条、208条）は、行政事件訴訟法31条の事情判決の規定を準用していないが（公職選挙法219条）、最高裁は、衆議院議員選挙の定数配分規定の合憲性が争われた事件につき、これを違憲であるとしながら、これに基づく選挙を無効とした場合、「明らかに憲法の所期しない結果を生ずる」ので、事情判決に含まれる「法の基本原則」の適用により、無効としなかった（最大判昭和51年4月14日、最大判昭和60年7月17日）。

行政不服審査法においても、事情判決と類似した規定があり、処分の取消し・撤廃が公共の福祉に適合しないと認めるとき、審査庁は、審査請求を棄却できる。その際、裁決で処分が違法又は不当であると宣言する（**事情裁決**：45条3項）。個別法で同様の規定がおかれる場合がある（国税徴収法173条、地方税法19条の2、鉱業等調整手続法41条の2）。

事情判決

■関連法条／行政事件訴訟法31条、行政不服審査法40条6項、国税徴収法173条、地方税法19条の2、鉱業等調整手続法41条の2
●キーワード／違法宣言　選挙訴訟　当選訴訟　事情裁決

【問題】事情判決に関する次の記述のうち、正しいものはどれか。

❶　違法な処分又は裁決であっても、取り消すと公益に大きな障害が出る場合、裁判所は、処分又は裁決を適法と判決することができる。
❷　違法宣言をした確定判決には既判力があるから、これをもとに、損害賠償請求をすることができる。
❸　公職選挙法上の衆議院議員選挙の定数配分規定が違憲だとしても、行政事件訴訟法上の事情判決により、これを有効とすることができる。
❹　行政事件訴訟法上、裁判所が事情判決をした場合、最高裁判所長官は、次の常会において国会に報告しなければならないとされている。
❺　事情判決がされた場合、原告の敗訴であるので、訴訟費用は、原告の負担になる。

解説

❶　誤り。事情判決の場合には、判決の主文で、処分または裁決が違法である旨を宣言しなければならない。
❷　正しい。裁判が確定した場合、そこで判断された事項に当事者も裁判所も拘束される法的効力を既判力という。違法宣言にもこれが認められるから、処分の違法をもとに賠償請求が可能になる。
❸　誤り。公職選挙法は、行政事件訴訟法31条の準用を除外している（219条）。判例（最大判昭和51年4月14日、最大判昭和60年7月17日）は、同条に含まれる法の一般原則を適用して、違憲・有効の判決を出している。
❹　誤り。内閣総理大臣の異議の場合のような規定は存在しない。
❺　誤り。訴訟費用は、敗訴者負担が原則であるが、事情判決は実質的に被告の敗訴であるから、被告に訴訟費用を負担させることが通例となっている。

【正解　❷】

第8章 客観訴訟

行政事件訴訟

　客観訴訟とは、客観的な法秩序を維持して公益を保護するために認められる訴訟をいう。個人の権利利益の保護を目的とする**主観訴訟**に対する観念である。客観訴訟は、「**法律上の争訟**」（裁判所法3条）ではないので、法律において特に定めがなければ、裁判所の権限として認められない。例えば、選挙訴訟について、選挙告示の取消しを求める訴えは、法律上の根拠がないとして、認められない（最判昭和32年3月19日）。

　行政事件訴訟法は、客観訴訟の類型として、民衆訴訟及び機関訴訟を規定している。**民衆訴訟**とは、国又は公共団体の機関の法規に適合しない行為の是正を求める訴訟で、選挙人たる資格その他自己の法律上の利益にかかわらない資格で提起するものをいい（5条）、**機関訴訟**とは、国又は公共団体の機関相互間における権限の存否又はその行使に関する紛争についての訴訟をいう（6条）。これらの訴訟は、法律に定める場合において、法律に定める者に限り、提起することができ（42条）、訴訟の形式に応じて、**抗告訴訟又は当事者訴訟**に関する規定が準用される（43条）。

　民衆訴訟の例としては、**選挙訴訟・当選訴訟**（公選法203条など）、**住民訴訟**（地方自治法242条の2）などがあげられる。このうち、住民訴訟は、住民の地方自治への参加手段として重要な機能を果たしている。そもそも住民訴訟は、地方公共団体の機関や職員による違法な財務会計上の行為及び不作為の是正を目的としているが、財政上の支出に関連させることで、行政活動自体を司法審査の対象にする手段としても有用な役割を果たしている。地方公共団体の神社に対する支出行為が争われた事例では、住民訴訟を通じて、公費支出を伴う行為自体が、憲法上の**政教分離原則**が禁ずる宗教上の行為にあたるかどうか判断されている（地鎮祭費用について最大判昭和52年7月13日、玉串料について最大判平成9年4月2日）。

　機関訴訟の例としては、市町村の境界に関する争訟（地方自治法9条8項）、地方公共団体の議会と長との間の条例・予算に関する争訟（同法176条7項）、普通地方公共団体に対する国又は都道府県の関与に関する訴え（同法251条の5・252条）などがあげられる。市議会議員としての資格において議会の議決の無効確認を求めることは、法律中にこれを認める規定がないとして不適法とされる（最判昭和28年6月12日）。

客観訴訟

■関連法条／裁判所法3条：公選法203条・204条・207条・208条、地方自治法242条の2・9条8項・176条7項・251条の5・252条など
●キーワード／法律上の争訟　主観訴訟　民衆訴訟　選挙訴訟　当選訴訟　住民訴訟　機関訴訟

【問題】客観訴訟に関する次の記述のうち、正しいものはどれか。

❶ 機関委任事務に関する職務執行命令訴訟は、民衆訴訟であるが、地方分権一括法により、廃止された。
❷ 住民訴訟は、監査委員の監査結果に対する不服訴訟であるから、これに不服がある者は、自らが住民監査請求を行っていなくとも訴えを提起することができる。
❸ 住民訴訟は、地方公共団体の行政運営の是正を目的とし、財務会計に関する行為に限らず、すべての地方公共団体の行為を対象とする。
❹ 機関相互の権限の存否に関する紛争は、すべて機関訴訟により解決するものとされている。
❺ 民衆訴訟も機関訴訟も客観的な法秩序の維持を目的とする。

解説

❶ 誤り。職務執行命令訴訟は、機関訴訟である。従来の職務執行命令訴訟（地方自治法旧151条の2）は、法定受託事務に関する執行命令訴訟（245条の8）として位置づけを変えている。
❷ 誤り。住民訴訟を提起できる者は、地方自治法242条に規定されている住民監査請求をした者に限られる（242条の2参照）。
❸ 誤り。住民訴訟は、財務会計上の違法又は懈怠の是正を求めるもので、行政運営自体が対象ではない。ただ、財務会計に関係しない行為は限られているので、事実上、かなりの部分が対象となる。
❹ 誤り。本来、行政機関内部の紛争は、上級庁による裁定や特別な機関による調停など訴訟以外の方法によるべきであるが、特に必要がある場合に機関訴訟が認められるのである。
❺ 正しい。両者とも客観訴訟であり、当然そのような目的を有する。

【正解 ❺】

判例チェック

（取消訴訟の対象となる「処分」について）
・東京都ごみ焼却場事件：最判昭和39年10月29日民集18巻8号1809頁
（行政指導の処分性について）
・戒告処分取消請求事件：最判昭和38年6月4日民集17巻5号670頁
（通達の処分性について）
・墓地埋葬法通達変更事件：最判昭和43年12月24日民集22巻13号3147頁
（行政計画の成熟性・処分性について）
・土地区画整理事業計画事件：最大判平成20年9月10日民集62巻8号2029頁
（取消訴訟の原告適格における「法律上の利益」について）
・主婦連ジュース不当表示事件：最判昭和53年3月14日民集32巻2号211頁
（反射的利益について）
・公衆浴場法距離制限規定事件：最判昭和37年1月19日民集16巻1号57頁
（執行停止の申立て又は決定に対する内閣総理大臣の異議制度について）
・内閣総理大臣の異議制度に関する違憲訴訟：東京地判昭和44年9月26日行裁例集20巻8・9号1141頁
（事情判決について）
・土地改良区設立認可取消請求事件：最判昭和33年7月25日民集12巻12号1847頁
（客観訴訟について）
・津地鎮祭事件：最大判昭和52年7月13日民集31巻4号533頁
・議会議決無効確認事件：最判昭和28年6月12日民集7巻6号663頁

新要点演習
行政法
第9章
行政組織・公物法

- （概観）
- 行政組織法
- 行政官庁理論と行政庁の権限
- 公物法の意義

- 判例チェック

第9章 行政組織・公物法

（概観）

1　行政組織法の基本構造

　行政組織法とは、行政権の組織に関する法規範をいう。広義で用いるときは、公務員法や公物法も含まれる。

　国家行政組織は、旧憲法下では、官制大権により勅令の形式で定められたが、現憲法下では、内閣法、内閣府設置法、国家行政組織法、各省庁の設置法などの法律で定められている。国家行政組織法にいう国の行政機関には、省・委員会・庁の3種類がある（3条2項）。

2　中央省庁等改革

　現在の中央省庁体制は、平成9年の行政改革会議最終報告をもとに、平成13年1月6日にスタートした。行政改革会議は、内閣総理大臣を会長にし、複雑多岐にわたる行政の課題に柔軟かつ的確に対応するため必要な国の行政機関の再編及び統合の推進に関する基本的かつ総合的な事項を調査審議することを目的として設置された。行政改革は、当時、財政構造改革、社会保障構造改革、経済構造改革、金融システム改革、教育改革とともに、「活力ある成熟社会」づくりをめざす「6つの改革」の1つとして、位置づけられていた。

　行政改革のうち、内閣機能の強化、国の行政機関の再編成並びに国の行政組織並びに事務及び事業の減量、効率化等の改革が「中央省庁等改革」とされ、これに関する基本法として、中央省庁等改革基本法が平成10年6月に制定された。

　改革の第一は、「政治主導の確立」であり、とくに内閣や内閣官房の機能を強化するため、内閣の有する行政権と国民主権の関係を確認し（内閣法1条）、総理大臣の発議権を明記し（4条2項）、これを助ける特命担当大臣を内閣府に置けることとした（内閣府設置法9条）。従来、20人以内であった国務大臣の数も14人以内（特別な場合は17人以内）に削減した。また、従来の総理府と異なり、内閣府は、内閣に置かれることとなり（2条）、他省よりも上位の位置づけが与えられた。また、内閣官房は、内閣の重要政策に関して、基本的な方針に関する企画及び立案並びに総合調整に関する事務や情報の収集調査に関する事務を担うこととなり（内閣法12条3項）、幹部職員は特別職として政治任用化された。さらに、各省大臣

の政治主導を支える補佐体制として、政治任用の副大臣及び大臣政務官が新設された（国家行政組織法16条、17条）。

　改革の第二は、「府省の大括り再編成」であり、権限に代わる任務（行政の目的）に基づく省庁再編成が行われることとなった。その結果、大臣の置かれる22の省庁の数が12に削減された。また、内閣府の総合調整と府省相互間の政策調整により、縦割り行政の弊害を排除し、行政上の政策評価を行うこととなった。現行の省としては、総務省・法務省・外務省・財務省・文部科学省・厚生労働省・農林水産省・経済産業省・国土交通省・環境省・防衛省が設置されている。

　改革の第三は、「行政組織・事務の減量・効率化」であり、行政のスリム化がはかられることとなった。これにより、128の官房及び局の数が96に削減され、新規採用の抑制を含め、国家公務員定員を10年間で25％削減することとなった。また、独立行政法人化・審議会の整理・民間委託等により、業務を減量化した。

　改革の第四は、「行政の透明化・自己責任化」であり、政策評価制度の確立、パブリック・コメント手続の採用、情報公開の推進などの措置が講じられることとなった。

3　独立行政法人

　独立行政法人制度は、国民生活及び社会経済の安定等の公共上の見地から確実に実施されることが必要な事務及び事業であって、国が自ら主体となって直接に実施する必要のないもののうち、民間の主体にゆだねた場合には必ずしも実施されないおそれがあるもの又は一の主体に独占して行わせることが必要であるものを効率的かつ効果的に行わせることを目的として、設立される法人である。独立行政法人に関する一般法が、平成11年に制定された独立行政法人通則法である。各独立行政法人については、個別に法律が制定されている（独立行政法人国立印刷局法など）。

第9章 行政組織法

行政組織・公物法

　行政組織法とは、行政権の組織に関する法規範をいう。広義では、**公務員法**や**公物法**も含まれる。行政組織は、行政を統轄する機関（内閣、自治体の長など）のもと、明確な**所掌事務**を有する行政機関の全体が**系統**立った構成をしている（国家行政組織法2条、地方自治法138条の3）。これにより、行政組織の一体的かつ能率的な業務の遂行が可能となる。

　国家行政組織は、旧憲法下では、**官制大権**により**勅令**の形式で定められたが、**現憲法下**では、内閣法、内閣府設置法、国家行政組織法、各省庁の設置法などの**法律**で定められている。また、地方公共団体については、**地方自治法**が基本的組織について定めを置くとともに、行政組織の**条例主義**を規定している（地方自治法158条）。**行政組織編成権**の所在については、明文の根拠はないが、国民主権原理（憲法前文、1条）や国民の公務員選定罷免権（15条）、公務員制度の法定（73条4号）から、国民又は住民の代表機関である国会・議会にあると解される（行政組織法律主義）。もっとも、行政機構編成の弾力化の要請から、一定レベル以下の**内部部局**については**行政立法**により規定される（国家行政組織法7条参照）。

　国の行政機関には、**内閣府**のほか、**省・委員会・庁**の3種類がある（3条2項）。**省**は、**内閣**の統轄の下に行政事務をつかさどる機関として置かれ、**委員会及び庁**は、省の**外局**として置かれる。委員会は、職権行使の独立が保障される一方、法案提出権がなく（国家行政組織法11条参照）、財務大臣への予算要求が直接できない（財政法20条参照）といった点において、省への従属性がみられる。府・省には、**官房・局・部**などの**内部部局**が置かれる（内閣府設置法17条、国家行政組織法7条）。平成13年に新体制が発足した**中央省庁等改革**では、①政治主導の行政運営の確立、②中央省庁の大括り再編、③行政のスリム化・効率化等がはかられた。

　地方公共団体には、議事機関として**議会**が、執行機関として**長及び委員会・委員**が置かれる。いわゆる**首長制**（大統領制）が採用されており、議会の議員及び長は、それぞれ公選され（憲法93条）、独立・対等な立場に置かれる。このほか、執行機関として、委員会・委員が置かれ、権限が長に集中しないよう分散するが（**多元主義**）、長には、行政を統轄するための調整機能が与えられている。

行政組織法

■関連法条／憲法、内閣法、内閣府設置法、国家行政組織法、地方自治法
●キーワード／官制大権　国民主権　公務員選定罷免権　行政立法　内閣　内閣官房　内閣府　省　委員会　庁　外局　内部部局　中央省庁等改革　首長制　多元主義

【問題】行政組織法に関する次の記述のうち、正しいものはどれか。

❶　行政組織編成は、国民の権利・義務に影響を及ぼすものではないので、国の行政機構については内閣が専権的にこれを行うことができる。
❷　戦前の天皇の官制大権は、すべて国会の権能となったので、国家行政組織の編成はすべて法律によらなければならない。
❸　地方公共団体の行政組織について、国が何らかの規定を置くことは、地方自治尊重の建前から、一切許されない。
❹　中央省庁等改革基本法に規定される「内閣機能の強化」のための措置として、閣議における内閣総理大臣の発議権が明記された。
❺　国家行政組織法上の行政機関として、府・省・委員会・庁がある。

解説

❶　誤り。憲法の国民主権原理等の要請や組織規範の外部効果にかんがみれば、国会の法律による規律を受けると解される。
❷　誤り。日本国憲法には官制大権の観念はない。国家行政組織の編成は、必ずしも、すべて法律によらなければならないわけではなく、法律により政省令に委任することなどが可能である（国家行政組織法7条）。
❸　誤り。地方公共団体の組織に関する事項は、地方自治の本旨に基づいて、法律で定めるものとされている（憲法92条）。
❹　正しい。このほか、内閣機能の強化策として、内閣法改正により、内閣官房の所掌事務に、各種の「企画・立案・総合調整に関する事務」などが付加され、さらに人員の充実がはかられた。
❺　誤り。府（内閣府）は、内閣の重要政策について内閣の事務を助ける組織として、内閣に新設された。国家行政組織法と別に設置法が制定されており、他の省庁より上位の位置づけが与えられている。

【正解 ❹】

第9章 行政官庁理論と行政庁の権限

行政組織・公物法

　行政官庁理論とは、**行政処分**という伝統的な権力行為に着目した行政組織法理論である。これは、**行政主体**の意思を決定し、外部に表示する権限を与えられている行政機関を「**行政庁**」と呼び、これを中心に行政の組織と作用を考えるものである。行政庁にあたるかどうかは、個別具体的な作用法によって決定される。行政庁の中には、府・省・庁の長や地方公共団体の長のような**独任制**の機関と、内閣、行政委員会のような**合議制**のものとがある。行政庁以外の機関は、行政庁を補助する**補助機関**、行政庁の意思決定に関与する**諮問機関**、行政上の執行を行う**執行機関**等、行政庁との関係に基づいて整理される。もっとも、この語法は**行政官庁理論**上のものである点に注意する必要がある（例えば、地方自治法の執行機関（7章）は、議事機関との対比で用いられる）。

　行政庁の権限は、当該行政機関の責任と判断で行使するが、委任、代理、専決・代決といった方法で、他の機関に行わせる場合がある。

　委任とは、行政庁がその権限の**一部**を他の行政機関に委任することであり、権限の委任を受ける行政機関（**受任庁**）は、当該行政庁の**補助機関・下級機関**であることが通例である。権限の委任がなされると、**委任庁**は委任事項を処理する権限を失い、受任庁がその権限を自己の権限として、自己の名において行使する。法の定める権限を対外的にも変更する一種の事務再配分なので、法の明示の根拠を必要とする（地方自治法153条等）。

　代理とは、行政庁の権限の**全部又は一部**を、他の行政機関が代理行使することをいう。権限は委譲されず、代理庁は被代理庁の代理者であることを明らかにして行為し、その効果は被代理庁に帰属する。このうち、法定の事実の発生に基づいて、法律上当然に代理関係の生ずる場合を**法定代理**といい、被代理庁の授権によって、代理関係が生ずる場合を**授権代理**という。法定代理には、代理者が法によって定まっている場合（国公法11条3項等）と一定の者によって指定される場合（内閣法9条等）とがある。

　専決・代決とは、補助機関が内部的委任を受けて行政庁の名において決定を行うことをいう。代決は、行政庁が不在の場合等行政庁自身が決定できない場合に行われるのに対し、専決は、そうした事情の有無にかかわらず、あらかじめ補助機関に内部的委任がなされた事項について行われる。

■関連法条／地方自治法153条、国家公務員法11条3項、内閣法9条など
●キーワード／行政処分　行政主体　独任制　合議制　補助機関　諮問機関　執行機関　議事機関　委任　代理　代決　専決

【問題】行政庁の権限に関する次の記述のうち、正しいものはどれか。

❶ 権限の委任があったときは、その権限は委任の範囲内において受任庁の権限に委譲されるが、委任庁は、当該権限の行使について、受任庁を指揮監督することができる。
❷ 権限の代理があったときは、代理者は被代理庁の名においてその権限を行使し、その行為は被代理庁の行為として効果を生ずる。
❸ 専決は、補助機関が内部的委任を受けて行政庁の名において決定することであるが、行政庁が不在の場合等行政庁自身が決定できない場合に行われる点で、代決と異なる。
❹ 権限の委任は、委任庁の権限の全部又は一部を受任庁が代理行使するが、一種の権限再配分なので、法律の根拠を必要とする。
❺ 処分があった後に処分庁の権限が他の行政庁に承継された場合、処分の相手方は、権限を承継した行政庁を被告として処分の取消訴訟を提起しなければならない。

解説
❶ 誤り。上下の関係にない行政機関の間で委任がなされた場合、別段の定めがない限り、委任庁は受任庁の権限行使を指揮監督できない。
❷ 正しい。権限の代理は、外部に代理者であることを明示して行う。
❸ 誤り。専決は、行政庁自身が決定できるか否かに関わらず行われる。
❹ 誤り。受任庁は、代理行使と異なり、委任の範囲で、自己の権限として、自己の名と責任において権限を行使する。また、権限の全部の委任は、法が権限を定めた意味を損なうので認められない。
❺ 誤り。原則として、権限を有する行政庁の所属する国又は公共団体が被告となる（行政事件訴訟法11条1項）。ただし、当該行政庁が国又は公共団体に所属しないときは、当該行政庁を被告とする（同条2項）。

【正解】❷

第9章 公物法

行政組織・公物法

　公物とは、私物に対する概念で、国又は公共団体が直接に公の目的のために供用する有体物をいう。国公有財産であっても、単に収益を目的とする普通財産は含まれない。公物には、公園や道路から、庁舎や事務用品など様々なものがある。我が国の行政法学は、行政目的の実現のための物的手段を公物と名付け、関連する法を公物法として論じてきた。つまり、公物とは法令用語ではなく、行政法理論上の用語にすぎない。

　個別の公物に関しては、公衆の用に供される物（公共用物）についての諸法律（公物管理法）が置かれており、道路法や都市公園法のように人工的に作られた公物（人工公物）、河川法や海岸法のように自然に存在している公物（自然公物）に関するものがある。庁舎やその敷地など官公署の用に供される公物（公用物）のうち、庁舎に関しては庁舎管理規則が訓令として定められているが、これは当該規則の名宛人が内部関係者を対象としているため法律の根拠を必要としない（最判昭和57年10月7日）。

　公物の成立には、公共用物の場合、公衆の利用に供されるべき形式的要素を備え、その目的に供する旨の行政主体の意思を明らかにする行為（公用開始行為）が必要になる。他方、公用物の場合、その成立には事実上の使用開始で足りる。なお公用開始行為が有効とされるためには、当該物について行政主体が権原を持っていなければならない。公物の消滅は、公共用物の場合、その旨の意思表示（公用廃止行為）が必要であるが、公用物は単にその使用を廃止すればよい。公共用物の使用関係は、3つに分類される。一般使用（自由使用）は、道路交通など何らの意思表示をせず公物を利用することが公衆に認められている場合である。許可使用は、露店設置（道路法32条1項6号）など予め行為の禁止を定めておき、申請に基づく許可により禁止解除をする場合をいう。特許使用は、公物管理者から、一般人には認められない特別の使用権を排他的に設定される場合をいう（河川の流水占有など。最判昭和37年4月10日）。公用物の使用関係は、関係者の利用にとどまる限り、内部的規律の問題としてとらえられるので、公共用物のような使用関係の分類は存在しない。しかし、本来の目的と異なる外部の用に供する場合（目的外使用：国有財産法18条3項、地方自治法238条の4）について特別の規律がなされる場合がある。

公物法

■関連法条／都市公園法、河川法、海岸法、道路法32条、国有財産法18条3項、地方自治法238条の4

●キーワード／公物　私物　国公有財産　普通財産　公物法　公共用物　公物管理法　人工公物　自然公物　公用物　公物の成立　公用開始行為　公物の消滅　公共用物の使用関係　一般使用　自由使用　許可使用　特許使用　公用物の使用関係　目的外使用

【問題】公物に関係する次の記述のうち、正しいものはどれか。

❶ 河川、道路など国有の公共用物には、必ず公物管理法の適用がある。
❷ 一つの公物に対して、異なる目的からの規制が競合することがある。
❸ 自由使用に供される公道を利用する者が、他人によってその利用を妨害されたとしても、公法上の問題であって、民法上の問題は生じない。
❹ 庁舎管理規則に定める提示物の許可は、当該許可を受けた者に対する使用権の設定であるから、国有財産法上の目的外使用の許可にあたる。
❺ 公営住宅の使用関係には民事上の信頼関係の法理が適用されないから、信頼関係が破壊されたか否かを問わず、法律に定める明渡請求事由に該当する行為をした使用者は明渡に応じなければならない。

解説

❶ 誤り。例えば河川法の定める手続を踏んでいない山奥の支川・都市の小河川といった普通河川や、道路法の定める手続を踏んでいない地方の里道などがある。こうした公物を「法定外公共用物」と呼ぶ。
❷ 正しい。道路占有許可について、公物管理（道路法32条）と公物警察（道路交通法77条1項）が競合する例がある。
❸ 誤り。日常生活上、欠くことのできない権利として、民法上の保護が及ぶ（最判昭和39年1月16日）。
❹ 誤り。この場合の許可は、何らかの権利を設定、付与する意味ないし効果を有するものではない（最判昭和57年10月7日）。
❺ 誤り。公営住宅の使用関係にも、法律及び条例に特別の定めがない限り、民法及び借地借家法の適用があり、その契約関係には信頼関係の法理が妥当する（最判昭和59年12月13日）。　　【正解　❷】

判例チェック

第9章 — 行政組織・公物法

（庁舎の管理について）
・郵便局庁舎内掲示物原状回復請求事件：最判昭和57年10月7日民集36巻10号2091頁

（特許使用について）
・河川流水占用事件：最判昭和37年4月10日民集16巻4号699頁

自治体公法研究会
（執筆）第1章〜第5章　手塚崇聡
　　　　　　　　　　　中京大学国際教養学部准教授
（執筆）第6章〜第9章　水谷瑛嗣郎
　　　　　　　　　　　帝京大学法学部助教

新要点演習　行政法　　　　　　　　　Ⓒ2016年

2016年（平成28年）4月15日　初版第1刷発行

　　　　　　　　　　　　　　　　定価はカバーに表示してあります
　　　　　　　編　　者　自治体公法研究会
　　　　　　　発行者　　大　田　昭　一
　　　　　　　発行所　　公　　職　　研
　　　　　　　　　　　　〒101-0051
　　　　　　　　　　　　東京都千代田区神田神保町2丁目20番地
　　　　　　　　　　　　ＴＥＬ　03-3230-3701（代表）
　　　　　　　　　　　　　　　　03-3230-3703（編集）
　　　　　　　　　　　　ＦＡＸ　03-3230-1170
ISBN978-4-87526-360-9 C3032　http://www.koshokuken.co.jp/　振替東京　6-154568

落丁・乱丁はお取り替え致します。　Printed in Japan　　印刷　日本ハイコム㈱
　　　　　　　　　　　　　　　　　　　　　　　　　　ISO14001取得工場で印刷しました

「コンパクト昇任試験基礎4法択一問題集」
◎本体価格 2,000 円

地方公務員として必要な基本知識を1冊にまとめた「地方自治の教科書」。自己啓発のテキストとして、昇任試験の参考書としても好評。

「必ず合格できる昇任面接対策法」
◎本体価格 1,500 円

面接で絶対合格を目指す人は必読。面接官を唸らせる面接シートの書き方と職場事例問答が充実した実績No1の対策書です。

「事例で考える行政判断・課長編」
◎本体価格 1,800 円
「事例で考える行政判断・係長編」
◎本体価格 1,800 円

職場で起こる様々なトラブルをどう解決するか。5肢択一形式で楽しみながら学べる、昇任試験「行政判断」の唯一の対策書です。

「重点ポイント昇任試験時事問題 年度版」
◎本体価格 1,950 円

昇任試験の時事問題対策の唯一の対策書。毎年8月頃刊行の年度版。今年の重要テーマを100問で総整理し、分かり易い解説も益々充実。

「地方自治法よく出る問題 123 問」
◎本体価格 1,950 円
「地方公務員法よく出る問題 108 問」
◎本体価格 1,800 円

首都圏、西日本で一番売れている択一問題集。分野毎の頻出重要問題を完全網羅。効率良く問題練習をするならこの2冊で。

「昇任試験地方自治法精選問題集」
◎本体価格 2,200 円
「昇任試験地方公務員法精選問題集」
◎本体価格 1,700 円

大規模難関自治体の昇任試験、択一対策の最新刊。体系的に確実な知識と応用力を身に付けることができる問題集です。

※本体価格に別途消費税がかかります。価格は改訂等により変更になることがあります。

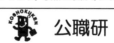
公職研